PARALLELE
DE LA CONDITION
ET DES FACULTÉS
DE L'HOMME
AVEC LA CONDITION
ET LES FACULTÉS
DES AUTRES ANIMAUX.

PARALLELE
DE LA CONDITION ET DES FACULTÉS
DE L'HOMME
AVEC LA CONDITION ET LES FACULTÉS
DES AUTRES ANIMAUX;

Contenant des Observations critiques sur l'usage qu'il fait des facultés qui lui sont propres, & les avantages qu'il en pourroit retirer pour rendre sa condition meilleure.

OUVRAGE TRADUIT DE L'ANGLOIS,

SUR LA QUATRIEME ÉDITION

PAR J. B. ROBINET.

A BOUILLON,

Aux dépens de la Société Typographique.

Et se trouve à PARIS,

Chez LACOMBE.

M. D. CC. LXIX.

PRÉFACE.

Un avertissement mis à la tête de la premiere édition de cet ouvrage, apprennoit au public qu'il étoit composé de quelque discours lus devant une Société de Philosophes & de Littérateurs, sans que j'eusse aucun dessein de les livrer à l'impression. La négligence avec laquelle ils sont écrits prouve assez qu'ils n'étoient pas destinés à paroître au grand jour. Mais à quelle occasion ont ils été composés, & par quel hazard sont-ils devenus publics ? Ce sont des questions que le lecteur ne fera probablement pas. Il aimera mieux user du droit naturel de les critiquer, & je les livre à son jugement. Quoique les différentes éditions qui en ont été faites, & qui se sont succédées assez rapidement, fussent pour moi un garant des suffrages du monde savant, je desirois de donner une meilleure forme à cette bagatelle pour la rendre plus digne de l'acceuil du public ; c'étoit la meilleure maniere de lui témoigner ma reconnoiſſance. Je voulois développer quelques idées qui ſemblent trop reſſerrées, & traiter certaines matieres avec l'étendue & l'exactitude que leur importance exige. A peine ai-je mis la main à l'œuvre que je me ſuis vu engagé dans des recherches & des diſcuſſions fort étendues qui auroient porté cette brochure à un volume énorme. Ce genre de travail ne s'accordant pas avec occupations ordinaires, j'ai été contraint de l'abandonner. J'aurois au moins ſouhaité de ſupprimer quelques ſentimens haſardés qui échappent dans les épanchemens d'une amitié ſans défiance, & qui ſont preſque toujours mal interpretés lorſqu'ils ſe produiſent au grand jour. Mais peut-être qu'une circonſpection trop ſcrupuleuſe ſur ce point auroit ôté à cette foible production l'air d'aisance & de naïveté qui en fait tout le mérite. Lorsque nous nous expliquons librement à nos amis sur un sujet qui nous intéresse, il y a dans nos discours, une vivacité de sentiment qui plaît, une chaleur d'expression qui attache, sans que pourtant nous disions rien de bien spirituel ou d'original.

Le titre de ce livre n'annonce pas précisément ce qu'il contient. On est si accoutumé à lire des ouvrages dont les titres ont peu de rapport avec la matiere qu'ils traitent, qu'on ne sera pas surpris que le mien ait ce défaut de plus. Cependant je n'ai pas osé le changer dans cette nouvelle édition. Cet air de nouveauté eût été une supercherie. Dans le vrai, c'est qu'il m'a été impossible de trouver un titre qui exprimât plainement les objets différens que j'ai rassemblés dans un si petit espace. Quoiqu'ils n'aient guere de liaison entr'eux, ils ont pourtant été amenés par une suite d'idées qu'il est à propos de soumettre au jugement du lecteur.

Quand on considere les nombreux avantages que l'homme a sur les animaux inférieurs, il est naturel de rechercher l'usage qu'il en fait; & cette recherche nous conduit à contempler l'homme dans l'état sauvage, puis dans les divers progrès de la société humaine. L'homme sauvage est, à quelques égards, d'une pire condition que tout autre animal. Il a pourtant des facultés supérieures; mais ne possédant pas, comme les autres animaux, le principe naturel & interne de l'instinct à un degré suffisant pour qu'il lui serve à diriger ses facultés vers son plus grand bien, elles se pervertissent de maniere à le rendre plus malheureux qu'eux. Il possede la force corporelle, l'agilité, la santé & tout ce qu'on appelle les facultés animales dans une plus grande perfection que l'homme civil ; mais pour les vertus les plus excellentes de la nature humaine, elles languissent dans lui.

Il y a un certain point dans le progrès de la société, où l'homme semble parvenu au plus grand bonheur dont il est susceptible. Alors il possede toutes les facultés corporelles & animales dans leur pleine vigueur. Il est hardi, actif, agile, aimant la liberté & son pays : ses mœurs sont simples : le principe de sociabilité agit en lui avec force & chaleur. Les loix du sang & du patriotisme ont beaucoup d'empire sur lui ; il est encore généreux envers les étrangers, il connoît & exerce l'hospitalité. Il a de la religion, mais une religion superstitieuse. Cet état de société où la nature libre & sans culture croît & s'éleve comme une plante génereuse, exalte l'imagination & les passions : il est donc favorable aux arts qu'elles produisent. Par la même raison, il nuit au progrès des facultés intellectuelles qui demandent du sang-froid, de l'exactitude, & une imagination entiérement soumise à la raison. Les besoins de la nature, peu nombreux, sont aisément satisfaits. Il ne faut que s'y livrer avec ingénuité. La véritable cause qui retarde le progrès de la science c'est la difficulté de communiquer les découvertes d'un individu à l'autre.

Il est rare que cet état de société dure long-temps. La puissance confiée à quelques-uns pour l'utilité & la sûreté de tous, dégénere en tyrannie. L'ambition naît avec tous les monstres qu'elle engendre. Les facultés humaines se développent, de nouvelles sources de bonheur se découvrent. La communication s'étend entre les nations : elle produit de nouveaux plaisirs & de nouveaux besoins. Les avantages d'un commerce intime avec les nations étrangeres, ont quelque chose de spécieux. Par cette communication, les productions d'un climat deviennent communes à un autre climat : le monde semble s'agrandir : des peuples éloignés par des mers & des déserts immenses, deviennent des freres d'une même famille : les connoissances s'étendent, & les préjugés disparoissent. Cependant chaque pays suffit à ses habitans ; secondé par leur industrie, il fournit abondamment à leurs besoins naturels. La nature se contente de peu : l'imagination est insatiable. Lorsque les hommes ont secoué le joug léger de la nature, la science & la raison, au lieu de combattre les appétits corrompus & les passions ardentes, en deviennent les apologistes. Ainsi le commerce & les prétendus avantages qu'il procure, détruisent la santé & abregent la vie du genre-humain ; & cet inconvénient affecte surtout les peuples

les plus distingués par leur activité, leur capacité, & leur génie pour le commerce.

La plus terrible conséquence d'un grand commerce, & de ce qu'on regarde communément comme l'état le plus brillant & le plus parfait de la société civile, c'est l'amour de l'or, cette soif universelle des richesses, qui corrompt le goût de la nature & le sentiment de la vertu. La cupidité conduit l'homme à l'état le plus malheureux dans lequel il puisse tomber. Alors, la constitution du corps & de l'esprit dégénere. Elle ne peut plus supporter les miseres inséparables de la vie humaine, sans y succomber : elle ne jouit plus des plaisirs naturels, parce que les sources en sont ou corrompues ou desséchées. L'or devenu l'unique idole de l'homme, reçoit tous ses hommages. Tout lui est sacrifié, la vertu & la religion, la santé & la vie. Cette passion corrompt tout le cœur ; elle éteint toutes les affections naturelles : l'amour cede à son poison mortel ; l'homme se défiant des sentimens de la nature, trompe ses vues, ses propres enfans lui sont à charge. Que donne l'or en échange de tous les biens qu'il ravit ? Il promet le plaisir & trompe l'attente de ceux qui comptent sur ses promesses. Il nourrit la vanité inquiete & insatiable : il irrite les desirs & ne les contente pas : il livre les hommes à la dissipation, au dégoût, à la misere. Dans cet état de corruption, le patriotisme devient un ridicule : ce qu'on appelle l'intérêt public ne regarde plus ni l'encouragement de la population, ni l'avancement de la vertu, ni la sûreté de la liberté ; mais seulement l'accroissement du commerce & l'augmentation des conquêtes. Lorsqu'un peuple est parvenu à ce point de dépravation, la durée de sa liberté ne sauroit être longue, à moins qu'elle ne soit prolongée par des causes accidentelles, comme une égale corruption des nations voisines, ou différens desordres dans l'état, qui en se réprimant les uns les autres empêchent la ruine totale, parce qu'alors une secousse releve ce qu'une autre secousse avoit abattu. Mais lorsque des hommes libres, opulens & adonnés au luxe perdent leur liberté, ils deviennent les plus vils & les plus misérables de tous les esclaves.

Je conviens sans peine que, dans l'état le plus florissant de la société, la nature humaine se montre avec avantage à certains égards. Les nombreux besoins que le luxe crée, excitent l'industrie à se signaler par l'invention des moyens propres à les satisfaire. Delà naissent quantité d'arts élégans, dont le progrès développe quelques principes naturels de goût qui, dans les âges plus simples, restent enfouis dans l'esprit humain ; & ouvre par ce développement une source pure de plaisirs. De-même, le génie commençant à sentir ses forces, prend un plus noble essor, & pénetre les mystcres de la nature avec un succès que ne conçoivent pas les nations moins éclairées. Cet état est également favorable à l'apparence extérieure des mœurs, à ce vernis moral qui rend les hommes affables, aimables & polis. Il est vrai que, pour l'ordinaire, ces qualités perverties par un usage vicieux ne contribuent guere au bonheur du Genre-Humain. en matiere de goût, le grand, le sublime, le pathétique sont d'abord sacrifiés à la symmétrie & à l'élégance, puis à l'amour puérile de la nouveauté & au caprice le plus extravagant. Les plus excellentes facultés de l'entendement, au lieu d'être appliquées aux arts utiles à la vie, s'épuisent à produire des bagatelles, ou se consument en efforts superflus pour atteindre à des objets au-dessus de leur portée. L'urbanité n'est plus que le masque de tous les vices. Ces abus pourtant ne sont peut-être que des accidens auxquels on pourroit remédier.

Cette vue de la nature humaine considérée dans les états successifs de la société, a fait naître l'idée peut être romanesque, de réunir ensemble les avantages particuliers à chaque état, & de les cultiver de maniere à rendre le sort de l'homme civil plus supportable. Quelqu'impossible qu'il soit de réaliser cette idée dans les grandes sociétés d'hommes, sûrement un individu pourroit l'effectuer pour lui-même. Un homme quelconque ne pourroit-il pas jouir de la santé la plus parfaite, conserver ses sens dans toute leur vigueur, sans rien perdre des plaisirs réels attachés à l'état le plus avancé de la société ? Ne pourroit-il pas de plus posséder l'entendement le plus cultivé & l'appliquer à des vues utiles ; conserver

tous

tous les principes d'un goût sain & pur, sans les pervertir, sans renverser la subordination que la nature a mise entr'eux ; posséder un tact fin & délicat avec un cœur sensible, sans être l'esclave du caprice & du raffinement ? La simplicité n'exclut point l'élégance. La douceur & l'humanité peuvent se trouver dans une ame grande & forte. On peut avoir de la religion sans bigotterie & sans fanatisme.

Telle est la chaîne générale des sentimens qui ont produit l'ouvrage qu'on va lire. Le Lecteur se plaindra avec raison de la maniere informe & décousue dont il est exécuté. Lorsque l'auteur le composa, il laissoit courir la plume sur le papier, comme les pensées se succédoient dans son esprit, sans songer à y mettre aucun ordre, chaque objet avoit la place & l'étendue que l'imagination & le loisir lui assignoient. Il auroit été charmé de rectifier ces imperfections pour lesquels il réclame l'indulgence du public : on vient de voir les raisons qui l'en ont empêché.

TABLE ANALYTIQUE.
SECTION I.

Différentes manieres d'envisager la nature humaine. Difficultés & causes du peu de progrès des recherches sur la nature de l'entendement humain. On doit unir l'étude du corps & de ses organes, à celle de l'esprit & de ses facultés. Combien l'animal le plus parfait est éloigné de l'homme. Plaisirs particuliers à l'homme inconnus aux brutes. Avantage des animaux, à certains égards. Instinct & raison; leur département particulier. Instincts naturels aux hommes; leur analogie avec les instincts des animaux. Considérations sur les inconvéniens de la méthode que l'on suit communément pour l'éducation corporelle des enfans dans le plus bas âge. Combien il est avangeux aux meres d'allaiter elles-

mêmes leurs enfans. On consulte peu la nature dans la maniere dont on gouverne leur santé & leur facultés intellectuelles. Maladies du corps & de l'ame qui en résultent. Il seroit possible d'y remédier en suivant un meilleure méthode.

SECTION II.

Supériorité de l'homme sur les animaux ; d'où elle procede. Avantages du génie : abus qu'on en fait. Utilité qu'on en pourroit retirer pour augmenter la somme du bonheur du genre-humain. Arts utiles & agréables. Agriculture. La vraie méthode de perfectionner les arts. Histoire naturelle de Mr. Buffon. Funestes effets de l'envie immodérée de tout savoir. Les plus savans ne sont pas les plus heureux. Avantages & inconvéniens de la condition des gens de lettres. Philosophie des François. Principe de sociabilité ; ses effets. Différence entre les Anglois & les François par rapport à leur goût pour la vie sociale. Avantage des mœurs des François sur celles des Anglois. Des femmes : égards qu'elles méritent dans la société en proportion de l'agrément qu'elles y mettent.

SECTION III.

Du goût & des plaisirs que procurent les productions du goût. De la musique, sa puissance, ses principes, sa fin. De l'ancienne musique ; son influence sur le cœur & les passions. Avantages qu'on en pourroit retirer pour le même effet. Analogie de l'éloquence avec la musique. Musique nationale. Opéra. Union de la musique avec la danse & la poésie. Différentes causes qui contribuerent à rendre l'ancienne musique si expressive & si puissante. D'où vient que la musique ne produit plus aujourd'hui les grands effets qu'elle a produits autrefois, quoique notre musique soit plus parfaite à d'autres égards que celle des anciens. Compositions musicales de différens genres, leur exécution. Musique vocale, sa supériorité sur la musique instrumentale. Musique d'église. La religion ouvre une vaste carriere au génie de la musique. Observations critiques sur les compositions de Handel. Défaut choquant de certains airs en reprise. Accord qu'il doit y avoir entre toutes les parties de l'exécution, pour que la musique produise son effet naturel.

SECTION IV.

Du plaisir qui résulte des ouvrages qui parlent à l'imagination & au cœur. De la critique; quand & comment elle peut être utile. Ses regles sont rarement générales. Une trop grande délicatesse de goût est un don dangereux, &

souvent fort incommode pour celui qui en est doué. Qualités nécessaires à un critique. Du beau dramatique. Romans anciens & modernes. Source du plaisir que procure la lecture de l'histoire. Usage de la métaphore & de l'allégorie. Esprit, saillies, traits d'imagination. Art de présenter les objets sous leurs plus belles formes. Observations critiques sur les Pensées Nocturnes du Dr. Young. Les Plaisirs de l'Imagination par le Dr. Akenside. Le poëme des Saisons par Thomson. Union du bon goût & du bon cœur.

SECTION V.

Religion. Plaisirs & consolations qu'elle procure dès cette vie. Combien il est aisé d'en abuser. Combien il est difficile de la préserver du mélange de la superstition, surtout chez le peuple. L'incrédulité annonce un cœur peu sensible. En quoi consiste la vraie force d'esprit. L'irreligion rare dans les femmes. La religion considérée sous trois points de vue différens. Systèmes & spéculations théologiques, leurs conséquences. La religion considérée comme science est moins utile au genre-humain qu'on ne devoit l'espérer. Erreurs que les sectaires mêlent à la vérité, & auxquels ils restent aussi fermement attachés qu'aux dogmes les plus respectables. La religion considérée comme regle de mœurs & de conduite. Parallele de la religion avec la médecine, en tant que arts pratiques, l'un pour les maladies de l'ame, & l'autre pour celles du corps. Vices difficiles à déraciner. Eloquence de la chaire. Culte extérieur, son utilité. La religion considérée comme propre à intéresser les affections de l'ame. De la dévotion. Ouvrages ascétiques. Heureux effets de la dévotion sur le cœur humain. Conclusion.

PARALLELE
DE LA CONDITION ET DES FACULTÉS
DE L'HOMME
AVEC LA CONDITION ET LES FACULTÉS DES AUTRES ANIMAUX.

SECTION I.

LA nature humaine a été considérée & représentée sous des points de vue bien différens. Quelques Philosophes l'ont peinte en beau; ils lui ont donné la forme la plus aimable, prenant un soin particulier de voiler ses moindres défauts. Ils ont dit que le vice étoit étranger à l'esprit humain : ils ont prétendu que ce qui porte ce nom étoit une excroissance du caractere vertueux de l'homme mal dirigé, & non le produit de quelque imperfection naturelle.... Ils nous ont représenté l'entendement humain comme capable de sonder les profondeurs de la nature, d'imiter ses chefs-d'œuvres, & même de les surpasser à certains égards.

Ce portrait flatté est celui que s'en font généralement les belles ames, ces cœurs heureusement nés, qui ne faisant qu'entrer dans le monde, n'ont point encore éprouvé les hommes dont ils conçoivent une idée si avantageuse ; ou ces esprits actifs qui n'ont d'autre passion que l'amour de l'étude, & la noble ambition de se signaler dans la carriere des sciences. Cette belle peinture enflamme le génie, & inspire la vertu ; mais trop souvent elle se trouve démentie par une expérience cruelle.

D'autres ont peint la nature humaine sous les traits de la malice la plus noire: ils n'ont vu dans l'homme qu'un être naturellement & nécessairement méchant. L'entendement humain n'étoit, à leur jugement, qu'une puissance foible & bornée qui faisoit de vains efforts pour s'élever au-dessus d'elle-même.

Ce langage est avidement reçu & adopté par les hommes d'un petit génie & d'un cœur rétréci qui trouvent en eux l'original de cette peinture hideuse. Il faut convenir pourtant qu'on voit des hommes excellens honorer l'humanité & la calomnier avec aigreur, parce que leur extrême sensibilité s'est souvent trouvé choquée de la malignité de quelques individus.

Une opinion désavantageuse de la nature tend à concentrer l'homme en lui-même, & à éteindre dans son cœur toute affection sociale. Une idée basse des facultés intellectuelles décourage le génie, en lui faisant perdre l'espérance d'acquérir des connoissances supérieures à celles qu'il possede, & de s'élever à une plus grande perfection.

Je n'ai pas dessein de m'appesantir sur les détails des avantages & des desavantages de ces différentes manieres d'envisager la nature humaine, ni sur les bons ou mauvais effets qu'elles peuvent avoir par rapport aux mœurs & aux caracteres des hommes. Peut-être que le parti le plus sûr & le plus utile est de lui supposer une constitution bonne & excellente, de ne point mettre de bornes à l'étendue de ses facultés, & de croire que son état actuel est fort au dessous de ce qu'il peut être.

La connoissance de l'esprit humain, quoique de la plus grande importance, reste néanmoins fort imparfaite. D'où vient le peu de succès des recherches philosophiques sur cette matiere ? D'abord des causes générales qui arrêtent les progrès des autres branches de la science, & ensuite des difficultés particulieres de ce grand objet. La structure du corps humain est mieux connue; il ne falloit, pour la connoître, que de bons yeux & des mains adroites. Le sujet est permanent. L'anatomiste peut le fixer dans la situation la plus propre à ses expériences.

L'esprit humain est un objet extrêmement changeant. Non-seulement il n'y a pas deux esprits semblables dans l'univers; où trouver encore un esprit toujours semblable à lui-même, un esprit qui ne change pas à chaque instant de son existence ? Ses formes fugitives se succedent comme les flots dans une mer agitée. Comment le saisir dans ses variations ? Il faut, pour y réussir, l'habileté la plus profonde, le génie le plus perçant & le plus réfléchi. Quelque difficile qu'il soit de découvrir les loix de la constitution d'un être si changeant, nous n'avons pas lieu de douter qu'il ne suive des regles aussi certaines & aussi invariables que celles du système matériel qu'il anime.

Ç'a été un malheur pour ceux qui se sont livrés à l'étude de la philosophie de l'esprit, de n'avoir pas eu une connoissance plus parfaite de la structure du corps humain, & des loix de l'économie animale. L'esprit & le corps ont une liaison si intime, une influence si marquée l'un sur l'autre, qu'il n'est pas possible de connoître à fond la constitution de l'un des deux, si l'on se contente de l'examiner à part & séparément de l'autre. Par la même raison, c'est dommage que la plupart des médecins ne s'appliquent pas davantage à connoître les loix particulieres de l'action de l'esprit sur le corps.

Un célebre médecin, qui peut-être avoit plus de clarté & de méthode que de véritable génie & de grandes vues, a composé un systême de médecine où il semble considérer l'homme comme une pure machine, s'efforçant vainement d'expliquer tous les phénomenes de l'économie animale par des principes méchaniques & chymiques. Stahl, son contemporain & son rival, doué d'un génie plus vaste, pénétra plus avant dans les secrets de la nature, associa le principe intellectuel au principe méchanique, & unit la philosophie de l'esprit à celle du corps : mais la vivacité de son imagination l'égara plus d'une fois ; & l'obscurité de son style jointe à sa méthode incertaine & embarrassée rend ses écrits presque inutiles : on les lit peu, & on les comprend encore moins.

Outre ces causes de l'imperfection de nos connoissances relativement à la nature humaine, il y en a une autre que je dois m'attacher à développer en particulier.

Jusques-ici l'on n'a point assez considéré l'homme comme un être qui a une analogie marquée avec le reste du monde animal. L'anatomie comparée a été cultivée avec soin depuis le commencement de ce siecle, & nous lui devons les plus utiles découvertes de l'anatomie du corps humain. On ne s'est pas appliqué avec le même zele à comparer l'économie humaine, je veux dire la condition & les mœurs de l'homme, avec la condition & les mœurs des autres animaux. L'homme peut-être seroit allarmé de ce parallele; & l'orgueil philosophique rougiroit de recevoir des leçons de l'instinct des brutes : motif puéril ! conduite vaine & ridicule !

La nature est un tout composé de parties qui, quoique distinctes, ont entre elles une correspondance si intime que souvent la plus basse, & celle que nous regardons comme la moins considérable, se lie par des liens imperceptibles à celle que nous jugeons la plus haute & la premiere dans l'œuvre. Une espece s'écoule insensiblement dans une autre, de sorte qu'il est difficile de voir où la premiere finit & où la seconde commence. De-là vient que dans la chaîne continue des Êtres, la derniere dégradation d'une espece est la premiere nuance de l'espece qui suit immédiatement. On ne peut donc connoître parfaitement aucune partie de ce grand tout, que l'on ne connoisse les parties qui sont contiguës à celle-là.

En comparant les différentes eſpeces animales, on remarque aiſément que chacune a des facultés qui lui ſont particulieres, convenables au rang qu'elle tient dans la nature, & proportionnées à la ſphere de ſon activité. Parmi les facultés infiniment variées qui diſtinguent les eſpeces, il y en a pluſieurs qui ſont les mêmes dans toutes, & quelques autres qu'elles poſſedent en commun, mais à différent degré.

L'homme eſt au haut de l'échelle animale. Le roi des animaux eſt capable de tous les plaiſirs dont ils jouiſſent, mais encore de beaucoup d'autres qui leur ſont inconnus. S'ils n'eſt pas le ſeul animal doué de raiſon, il en poſſede du moins une doſe ſi forte & dans un un degré ſi ſupérieur, qu'aucun autre animal ne lui eſt comparable à cet égard.

La gradation inſenſible, ſi marquée dans tous les ouvrages de la nature, dit Mr. de Buffon, se dément lorsque l'on compare l'homme avec les autres animaux. Il y a une distance infinie entre les facultés de l'homme & celles de l'animal le plus parfait, entre la puissance intellectuelle & la force méchanique; entre l'ordre & le dessein, & une impulsion aveugle: entre la réflexion & l'appétit.

Un animal n'en gouverne un autre que par la supériorité de la force ou par la ruse. Il ne sauroit, par une suite de raisonnemens, s'assurer la protection & les bons offices d'un autre animal quelconque. Les animaux n'ont donc aucune idée, aucun sentiment de subordination entre eux.

Ils n'ont point de langage. C'est moins, je crois, un vice de la conformation de leurs organes, qu'un défaut de régularité & d'ordre dans leurs idées. On apprend à quelques animaux à parler ; mais on ne sauroit leur apprendre à attacher des idées aux mots qu'on leur fait prononcer. Ainsi la raison pour laquelle ils n'expriment point leurs pensées par des signes combinés & réguliers, c'est qu'il n'y a point de combinaison réguliere dans leurs pensées.

Il y a une grande uniformité dans les actions des animaux. Tous les individus d'une même espece font les mêmes choses & de la même maniere. On diroit qu'ils n'ont qu'une ame. C'est le contraire parmi les hommes. Chaque individu a sa maniere de penser & d'agir qui lui est particuliere. Si quelques especes animales semblent s'écarter de l'uniformité d'action, ce sont celles que nous nous sommes associées en les rendant nos esclaves, comme les chiens & les chevaux.

Tous les animaux expriment

la peine & le plaisir qu'ils ressentent par des cris, & différens mouvemens du corps. Le rire & le pleurer sont particuliers à l'homme. Ces expressions de certaines émotions de l'ame semblent inconnues aux autres animaux; l'enfant même qui vient de naître n'en a guere l'usage qu'au bout de six semaines. Les plaisirs de l'imagination, des sciences & des beaux-arts, ceux qui naissent du principe de curiosité, les plaisirs purs de la vertu, le bonheur que procure la religion, les agrémens de la vie sociale, forment un ordre supérieur de plaisirs qui ne sont que pour l'homme.

Les brutes semblent aussi avoir de leur côté quelques avantages sur nous, & c'est ce qu'il faut examiner. Nous verrons ensuite l'usage que font les hommes de la supériorité de leurs facultés pour parvenir à la sagesse & à rendre leur condition plus heureuse.

Plusieurs animaux ont quelques sens plus subtils que les nôtres. Les uns ont plus de force que nous, les autres sont plus légers à la course. Ces avantages leur sont nécessaires, & ils nous seroient inutiles ou préjudiciables. N'en auroient-ils point d'autres qui n'étant pas un résultat nécessaire de tel degré d'animalité, les mettroient réellement au dessus de nous dans des choses à l'égard desquelles nous devrions être au moins leurs égaux ?

On remarque que tous les animaux, nous seuls exceptés & ceux que nous avons apprivoisés pour leur faire partager nos misères, jouissent de tous les plaisirs dont ils sont capables par leur nature ; qu'ils ne connoissent ni le travail, ni la peine, ni la maladie ; & que, sans des accidens particuliers, ils arriveroient tranquillement au terme que la nature a assigné à leur exiſtence. Eſt-ce donc un privilege de la dignité de notre être, une conséquence néceſſaire de la ſupériorité de nos facultés, que ſur dix mille individus de l'eſpece humaine, il y en ait à peine un qui meure d'une mort naturelle, que nous ayons ſans ceſſe à combattre contre toutes ſortes de peines & de miſeres, que nous devions traîner péniblement notre miſérable exiſtence au travers d'une foule de dangers dont quelqu'un nous empêche toujours d'arriver au terme ? Si c'eſt l'ordre de la nature, il faut nous y ſoumettre. Si ce ſont des accidens étrangers à notre conſtitution, il eſt à propos d'en rechercher la cauſe, & de voir comment on pourroit y remédier.

Il y a dans les bêtes, un principe univerſel, mobile unique &

immédiat de toutes leurs actions. C'est l'instinct. Il les porte vivement & efficacement à embrasser tout ce qui convient à leur nature.

On a cru jusqu'ici que l'instinct n'appartenoit qu'aux bêtes, & que l'homme devoit se conduire par un principe plus noble, par une raison entiérement indépendante de l'instinct. Un peu de réflexion sur nous-mêmes nous fera reconnoître que l'instinct nous est commun avec les autres animaux, & qu'il est, pour nous comme pour eux, un guide sûr & infaillible dans toutes les choses qui sont de sa compétence. Il faut convenir aussi que, dans l'état de corruption où se trouve le genre-humain, sa voix est souvent étouffée par les cris tumultueux des passions déréglées étrangeres à notre constitution naturelle. De-là vient

vient que l'instinct est insuffisant où la passion agit.

La raison est un principe bien froid & bien foible en comparaison de l'instinct ; & en général elle est un guide moins sûr que lui... Le propre de la raison est de rechercher les causes des choses, de nous faire voir quelles conséquences peuvent avoir nos actions dans tel cas particulier, de nous montrer les moyens les plus convenables à la fin que nous nous proposons, & diriger en conséquence nos instincts, nos penchans, nos passions & nos goûts. Ceux-ci doivent agir sous la direction de la raison. Sans eux la vie seroit triste & insipide : ce ne seroit qu'un sommeil léthargique depuis la naissance jusqu'à la mort.

Les sauvages, placés immédiatement au-dessus des brutes, & guidés presqu'entiérement par l'inſtinct, partagent dans leurs bois, les avantages qu'elles ſemblent avoir ſur nous. Mais les ſauvages ne jouiſſent point des biens ſupérieurs dont leur nature eſt capable : ils ne reſſentent point auſſi les miſeres qui ſont l'appanage des nations policées.

Il ſeroit important de rechercher quels ſont les inſtincts naturels à l'homme, de les diſtinguer des paſſions factices, fruit illégitime des habitudes vicieuſes qu'il a contractées ; & après les avoir reconnus, les comparer aux inſtincts analogues des autres animaux. Le ſauvage nous aideroit dans cette recherche. Cependant il reſteroit encore de grandes difficultés.

Où trouver une claſſe d'hommes qui ſe gouvernent uniquement par l'inſtinct, par la nature ou le ſens-commun ? Les peuples les plus barbares different étrangement les uns des autres dans leurs mœurs ; & dans certains usages particuliers, ils s'éloignent autant de la nature que les peuples les plus civilisés. Ils ont une certaine portion de raison qui les guide : ils ont des préjugés, des coutumes, des superstitions qu'ils suivent aveuglément. Un œil pénétrant saura reconnoître le caractere de la nature où ses desseins semblent se combattre, & il sera agréablement surpris de trouver chez des sauvages, des traits d'esprit, & une finesse de sentiment qui feroient honneur aux hommes les plus éclairés. Sous ce point de vue l'histoire civile & naturelle du genre-humain ne devient pas seulement un amusement propre à satisfaire la curiosité, mais une étude sublime & utile qui peut fournir des moyens de perfectionner l'espece humaine.

Nous pouvons nous prévaloir ici de l'exemple des animaux apprivoisés, dans qui l'art a sçu, à quelques égards, enchérir sur la nature. Nous pouvons perfectionner les races des chevaux, des chiens & peut-être de tous les autres animaux : nous pouvons les conserver dans cet état de perfection, après les y avoir amenées; & c'est ce qu'on peut appeller créer de nouvelles espéces, & leur imprimer un caractere de permanence qui sembloit n'appartenir qu'à la nature. N'est-il pas étonnant que l'on n'ait point encore songé à tirer parti de cette découverte pour la perfection de la race humaine? L'homme n'est-il donc pas aussi susceptible d'amélioration que tout autre animal? Malgré nos mariages mêlangés, & souvent fort hétérogenes, nous voyons que les familles différentes conservent un caractere distinctif. Souvent ce caractere de famille, comme un air de famille, se perd dans une génération & reparoît dans la suivante. L'éducation, l'habitude & l'émulation contribuent sans doute beaucoup à le conserver dans certaines occasions. Il est vrai aussi que la nature, indépendamment de toute cause extérieure, imprime un caractere original dans certains esprits, que l'éducation peut altérer & pervertir jusqu'à un certain point, mais que rien ne sauroit détruire. Comment un caractere particulier d'esprit peut-il se transmettre du pere au fils ? c'est une question moins importante que difficile à résoudre. Comment les enfans ressemblent-ils à leurs pere & mere par les traits du visage, & la constitution du corps ? D'où vient qu'ils héritent des maladies de leurs parens ? La difficulté n'est rien, quand l'expérience parle. On pourroit donc, avec une attention & un zele convenables, perfectionner, non-seulement la constitution organique, mais encore le caractere moral, de l'espece humaine. Cependant on ne fait rien pour cela; au contraire, nous voyons tous les jours une infinité de gens qui prennent beaucoup de peines & font des dépenses considérables pour perfectionner la race de leurs chevaux & de leurs chiens, corrompre le sang de leurs enfans, leur inoculer, je ne dis pas seulement les maladies les plus cruelles, mais encore toutes sortes de ridicules & de vices; & cela de gaieté de cœur, sans nécessité ni passion.

Entrons dans une comparaison plus détaillée de l'état du genre-humain & de celui des bêtes.

On trouve, par un calcul

exact, que la moitié des individus de notre espece meurt avant l'âge de huit ans. Cette mortalité est portée au suprême degré parmi les nations les plus efféminées par un luxe excessif. Elle diminue à proportion que les mœurs deviennent plus simples, l'exercice plus fréquent, le genre de vie plus dur. À peine est-elle connue parmi les animaux sauvages : ils ne meurent point avant le temps. S'il meurt un nombre si considérable d'enfans parmi nous, il n'en faut pas seulement accuser la mauvaise constitution qu'ils héritent de leurs parens, & qui souvent les rend incapables de résister aux crises que le corps éprouve dans les dégrés de son développement ; mais beaucoup plus à la méthode peu naturelle avec laquelle on gouverne leur premiere enfance : on prend presque toujours le contrepied de la nature, sans égard pour leur extrême délicatesse. Leur foible complexion succombe sous les mauvais traitemens qu'on leur fait, au lieu que l'instinct seul éleve sûrement les autres animaux sous les auspices de la nature. Si les enfans pouvoient s'exprimer d'une maniere plus intelligible pour nous, combien ils nous feroient de reproches sur la contrainte continuelle à laquelle nous les asservissons! Cependant lorsqu'ils sont plus avancés en âge, la voix de la nature se fait entendre impérieusement, & elle est obéie en dépit des goûts factices & dépravés que nous avons tâché de lui substituer.

Quoique l'on convienne universellement qu'une nombreuse population est la principale richesse d'un état, néanmoins l'extrême mortalité des enfans n'attire point l'attention des politiques.

ques. On la regarde comme un mal naturel & sans remede. L'importance de l'objet ne me permet pas de souscrire à ce préjugé, avant que de l'avoir examiné avec soin. Il y a peut-être de la témérité à vouloir détruire d'anciennes opinions que le temps, la coutume & le luxe semblent avoir consacrées. Il y a une espece de honte à tenter sans succès la réformation des abus. Mais il y a une satisfaction secrete à plaider la cause de l'humanité, & à servir la foible innocence.

Tous les autres animaux s'accouchent eux-mêmes sans aucun secours étranger. Nous prétendons seconder la nature en lui donnant pour aide un accoucheur ou une sage-femme, & nous l'empêchons d'opérer. Aussi le nombre des enfans & des meres que ces artistes tuent par leurs secours importuns, est très-bien connu de ceux qui en ont fait une recherche particuliere. Les plus habiles accoucheurs savent, & avoueroient, s'ils étoient de bonne foi, que la nature se suffit à elle-même dans les cas ordinaires, & que c'est uniquement dans les circonstances critiques, lorsque la mere est d'une foiblesse extrême, lorsque l'accouchement est contre le cours ordinaire des choses, ou dans d'autres cas semblables, que l'art doit venir au secours de la nature en travail.

Dès qu'un enfant est né, notre premier soin est de le médicamenter…. Il y a une liqueur glaireuse dans l'estomac & les intestins des enfans comme de tous les autres animaux nouvellement nés, dont il est nécessaire qu'ils se délivrent. Le premier lait de la mere est justement une médecine naturelle préparée pour cet effet. Nous prétendons qu'une drogue étrangere opérera mieux. Ainsi le nouveauné au lieu de recevoir une potion salutaire des mains de la nature, est cruellement médicamenté suivant les idées capricieuses des bonnes gens qui président à sa naissance...

L'enfant desire le sein de sa mere, & il se trouve des Docteurs qui veulent qu'on le lui refuse opiniâtrément avant le troisieme jour de sa naissance. Qu'en arrive-t-il? Le lait abonde dans le sein de la mere, la fievre survient, & pour avoir trop attendu la mere est quelquefois hors d'état d'allaiter son enfant. Il faut observer ici, pour l'honneur de ceux qui ont la direction de l'hôpital de Londres, qu'ils sont les premiers qui aient suivi à cet égard l'instinct de la nature & la voix du sens-commun. Le succès de leur méthode la justifie. Ils font donner le sein de la mere à l'enfant aussi-tôt qu'il semble le desirer, ce qui arrive ordinairement dix ou douze heures après sa naissance. Par ce moyen le nouveau-né n'a pas besoin de médecine ; la mere évite la fievre de lait, la nature est contente, & tout va bien. C'est dommage que cette méthode ne soit pas universellement suivie. La routine & le préjugé sont les médecins que l'on consulte sur un objet d'où dépend la santé de tout le reste de la vie. La routine & le préjugé ont tant d'empire, qu'il est dangereux de les contrarier. Ceux qui ont des raisons pour ménager les caprices du public, n'ont garde de les blâmer, ni de chercher à l'en corriger.

La nature veut que les meres allaitent leurs enfans. Leur santé & celle de leur fruit y sont également intéressées. ,, Lorsque l'issue
,, du lait n'est pas favorisé, & que
,, l'on s'oppose même à son abord
,, dans les mammelles, soit par
,, des emplâtres, ou tel autre

„ moyen, ce lait doit être con-
„ tinuellement repris & reporté
„ au cœur par les veines fangui-
„ nes. Les contractions du cœur
„ augmenteront néceffairement,
„ la chaleur du cœur augmentera,
„ il s'enfuivra une fievre qui n'a
„ aucune fuite fâcheufe chez les
„ nourrices dont quelquefois mê-
„ me elle n'eft pas connue ; mais
„ elle expofe les femmes qui n'al-
„ laitent point à des accidens ter-
„ ribles. Le lait répandu, le dé-
„ lire, la phrénéfie, les convul-
„ fions, ou bien des inflamma-
„ tions, des abcès, des dépôts
„ laiteux, font des maux qui les
„ menacent. Le lait abonde, fé-
„ journe & s'épaiffit dans les
„ mammelles. Par fon abondan-
„ ce, il les rend douloureufes &
„ y caufe des inflammations ; par
„ fon féjour, il y eft décompofé,
„ & y donne lieu à des abcès ;
„ par fon épaiffiffement, il ob-

„ ſtrue les vaiſſeaux lymphati-
„ ques, & rend les glandes du-
„ res & skirrheuſes; il peut mê-
„ me les faire dégénérer en can-
„ cer. "

Quelques femmes peuvent ſe trouver dans l'impuiſſance d'allaiter leurs enfans, faute d'une quantité ſuffiſante de lait. Il peut arriver auſſi qu'une maladie habituelle, ou d'une nature maligne, les en diſpenſe. Ces cas ſont rares. Au contraire, il y a des maladies auxquelles les femmes ſont ſujettes, & qu'elles préviennent par cette pratique qui fortifie ordinairement la conſtitution la plus délicate. On obſerve qu'une mere, tandis qu'elle allaite ſon enfant, a le teint plus clair & plus fleuri, le caractere ouvert & plus également gai, l'appétit meilleur, plus de vivacité dans tout ce qu'elle fait, & en général plus de force que dans tout autre temps. Une autre remarque digne d'attention, c'est qu'on voit peu de femmes mourir pendant qu'elles allaitent : on diroit que la mort respecte le sein où l'enfant est attaché. On ne voit même guere de femmes mourir de maladie dans le temps de leur grossesse, à moins que ce ne soit à la suite d'une chûte violente ou de quelqu'autre accident semblable.

Une femme qui n'allaite point doit s'attendre à avoir tous les ans un enfant ; ce qui affoiblit, épuise son tempérament, & amene avant le temps les infirmités de la vieillesse. Celle au contraire, qui nourrit elle-même l'enfant qu'elle a mis au monde, a un intervalle d'un an ou plus pendant lequel elle peut prendre de nouvelles forces pour une autre couche. Ce sont ordinairement les femmes du grand monde, celles dont la complexion est communément plus fragile, qui refusent de donner le sein à l'enfant qu'elles ont porté. Et ce sont elles sur-tout qui devroient allaiter par la raison même dont elles se servent pour s'en dispenser. A peine sont-elles accouchées, qu'elles redeviennent grosses; leur tempérament souffre beaucoup plus de ces couches successives, qu'il ne souffriroit si elles allaitoient.

Je ne dois pas oublier le plaisir pur & innocent dont se prive une mere qui refuse de donner le sein à ses enfans. On remarque que les meres ont plus de tendresse pour les enfans qu'elles ont nourris elles-mêmes, que pour ceux qui ont sucé le lait d'une étrangere. Quelle qu'en soit la cause, le fait est sûr: & il n'est pas moins certain que cet attachement est la source d'une foule d'émotions tendres & délicieuses de la part de la mere, auxquelles l'enfant répond par une espece de sympathie.

Quel tort ne fait-on pas a un enfant en le privant de la nourriture naturelle qui lui eft préparée dans le fein de fa mere, & en le forçant de fucer le lait d'une femme d'un âge, d'un tempérament, & d'un caractere différent de l'âge, du tempéramenr & du caractere de fa mere ? Il eft conftant qu'il meurt beaucoup plus d'enfans entre les mains des nourrices, que de ceux que leur propre mere allaite. Ces nourrices ont-elles jamais pour leurs nouriffons une tendreffe vraiment maternelle ? La mere feule eft capable des foins extrêmes que demande l'imbécillité de la premiere enfance. Il eft vrai pourtant que l'on voit des nourrices qui prennent naturellement des fentimens de mere pour les enfans qui leur font confiés. C'eft une reffource que la nature s'eft ménagée contre notre imprudence & notre luxe. Sans cela, il en mourroit un bien plus grand nombre entre leurs mains. Mais toutes les nourrices sont-elles des meres envers leurs nourrissons, sur-tout dans les grandes villes, où la dépravation des mœurs, & le mépris des loix sacrées de la nature, qui font que les femmes du premier rang manquent à leurs devoirs, ont gagné jusqu'aux plus basses conditions ? Doit-on attendre d'une ame mercénaire ce que la nature n'a pu obtenir de la tendresse maternelle. Une femme qui pour un peu d'argent se laisse priver de son propre enfant, est-elle bien disposée à prendre soin d'un enfant étranger. L'argent fait faire bien des choses, j'en conviens, mais l'argent ne donne point des sentimens. Une nourrice peut acquérir par degrés les attentions & une partie de la tendresse d'une mere, mais c'est un effet de l'habitude, & l'enfant périra avant que l'habitude soit formée. Les meres sont jalouses de l'affection de leurs enfans; ce devroit être pour elles un motif de ne les jamais confier à une nourrice; il est ordinaire de voir un enfant partager son amour entre sa mere & sa nourrice : le plus souvent même celle-ci a la préférence, au moins jusqu'à un certain âge, sur-tout si elle a eu pour son nourrisson toutes les attentions requises. Quelquefois il regarde l'affection qu'il a pour ses parens comme une faveur, ou une bienséance, & celle qu'il porte à sa nourrice comme un devoir. En effet, l'attachement d'un enfant n'est-il pas la juste récompense des tendres soins d'une mere ?

La quantité de maladies épidémiques auxquelles le peuple est sujet dans les grandes villes, & sur-tout les femmes, est encore une raison de ne leur point confier ses enfans. Souvent il en résulte les plus tristes accidens pour eux. Ils sucent le mal avec le lait : on les voit dépérir. S'ils ne succombent pas tout-à-fait, leur sang est vicié : il a pris un germe fatal qui se transmet à leur postérité.

Les enfans peuvent tetter neuf à douze mois. Il y a plusieurs bonnes raisons de les sevrer à-peu-près dans ce temps. Dans tout l'Orient & dans quelques contrées de l'Europe, les enfans ne prennent point d'autre nourriture que le lait de leur mere pendant leur premiere année. Cette coutume est généralement bonne. La nature seroit surchargée d'une nourriture plus substantielle. Il est à propos de les sevrer par degrés ; un changement gradué préviendra les révolutions funestes que pourroit causer dans une machine si délicate le passage subit d'une espece de nourriture à une autre.

L'enfant qui a le sein de sa mere, peut tetter quand il en a envie. Il est sous la protection spéciale de la nature qui ne le laissera pas manquer. Par ce moyen on évite le double inconvénient & de lui laisser l'estomac vuide, & de le surcharger.

Si la mere ne peut pas absolument allaiter son enfant, elle doit lui donner une nourrice nouvellement accouchée, dont le tempérament & le caractere sympathisent avec le sien autant qu'il est possible, pourvu qu'elle soit d'une bonne constitution tant de corps que d'esprit. La nourrice continuera à tous égards son genre de vie ordinaire. Le passage d'une vie active à une vie sédentaire, du plein air de la campagne à l'air renfermé des villes, d'une nourriture frugale composée presque entiérement de laitage & de végétaux à une nourriture plus forte telle que la chair des animaux, de l'usage de l'eau pure à celui des liqueurs fermentées, seroit également nuisible à la nourrice & au nourrisson.

Les essais que l'on a faits pour élever les enfans à la cuiller, sont autant d'attentats contre la nature. Il n'y a qu'une extrême nécessité qui puisse justifier ce procédé. Cette méthode n'en seroit pas meilleure, quand même on ne donneroit à l'enfant que le lait de sa mere. L'action de sucer dans les enfans nouvellement nés a l'effet de la mastication dans un âge plus avancé : elle occasionne dans la bouche une sécrétion de la salive qui se mêle intimement au lait & le rend d'une digestion plus facile, & proportionnée à la foiblesse de l'estomac. De plus le lait pris dans les mammelles de la mere a un juste degré de chaleur qu'il perd s'il en est tiré.

Il y a bien d'autres circonstances de l'éducation corporelle des enfans, dans lesquelles nous contrarions l'instinct de la nature.

Tous les jeunes animaux aiment naturellement l'air & le mouvement. Voyez combien nous nous éloignons de ce que la nature prescrit à cet égard. Nos enfans sont toujours renfermés dans nos maisons, liés ou garottés dans des langes ou des corps de baleines où leurs membres comprimés n'ont pas de mouvement libre. La joie que les enfans témoignent lorsqu'on les délivre de ces liens, pour les changer, fait assez voir combien ils y étoient gênés, & montre en même temps combien il y a de cruauté & d'inhumanité à les y retenir serrés le jour & la nuit. Lorsqu'on les emmaillote de nouveau, leurs cris montrent la violence que souffre la nature. La gêne des garçons ne dure que quelques années. Celle de la plus belle moitié de l'espece dure une grande partie de la vie.

Nous nous imaginons que la taille d'une jeune fille n'est pas aussi bien telle que la nature l'a faite, que lorsqu'elle est façonnée par l'art : nous croyons donner de l'élégance à un beau corps en le mettant à la torture dans une machine meurtriere que nous nommons un corset. Les Chinois pensent que le pied d'une femme est parvenu au dernier degré de la beauté, lorsqu'on l'a diminué jusqu'au tiers de sa grandeur naturelle. Les Africains ont une autre idée de la beauté du nez : il doit être, selon eux, aussi peu éminent qu'il est possible, & pour le rendre tel ils l'écrasent presque jusqu'à l'effacer. Nous rions de la sottise cruelle de ces barbares. Sommes-nous plus sages ? Ne déforformons-nous pas la taille des femmes au lieu de l'embellir? L'usage fatal du corset produit beaucoup d'obstructions dans les poumons, comprime sans cesse la poitrine & le ventre : ce qui occasionne quantité de maladies internes qui emportent une partie de la plus belle jeunesse. Il arrive encore souvent qu'on rend par-là le corps difforme au lieu d'en prévenir la difformité. La nature se venge ainsi des tortures qu'on lui fait éprouver. Le développement du corps étant continuellement gêné, il en doit nécessairement résulter que les efforts de la nature se portent irrégulièrement & inégalement vers les parties où ils trouvent moins de résistance. Aussi de dix femmes, il n'y en a pas une qui soit parfaitement droite, & dont le corps soit bien proportionné dans toutes ses parties. Plus de ces belles formes que la nature avoit paitries de ses mains. Comment ne seroient-elles pas effacées ? Une jeune fille, qui quitte son corset, a tout le corps meurtri & contus. La difformité n'est presque connue que des peuples civilisés, & c'est ordinairement l'ouvrage de l'art.

On ne voit point de corps difformes chez les sauvages. Leur force, leur agilité, & leurs belles proportions sont l'effet de leur maniere de vivre en plein air, & presque nuds... Les Siamois, les Japonois, les Indiens, les Negres, les Sauvages du Canada, de la Virginie, du Bresil, & la plûpart des habitans de l'Amérique Méridionale n'emmaillottent point leurs enfans : ils les couchent dans une espece de grand berceau fourré & couvert de peaux, où ils ont le libre usage de tous leurs membres. Cette pratique leur réussit si bien qu'au bout de deux ou trois mois ces enfans ont assez de force pour sortir du berceau en se traînant sur leurs mains & leurs genoux. Avant un an ils marchent seuls. Les enfans emmaillottés & serrés dans leurs langes, ne peuvent absolument se remuer. La force des parties intérieures qui tendent naturellement au développement trouve un obstacle insurmontable à l'extension des parties externes qui doivent se prêter à l'accroissement des autres. L'enfant fait continuellement d'inutiles efforts. Il s'épuise en pure perte. Le progrès de son développement est retardé & souvent empêché. Il est presque impossible d'emmaillotter un enfant sans le faire crier. C'est qu'on le tourmente & qu'on gêne ses membres. Les efforts continuels qu'il fait pour quitter cette posture incommode, est une cause prochaine de difformité. Le maillot gêne la respiration, empêche la circulation libre du sang, trouble l'ordre naturel des sécrétions, & gâte ainsi le tempérament des enfans en plusieurs manieres. L'enfant couché dans son berceau, où quelquefois il est lié avec de larges lisieres, n'a point la liberté de suivre l'instinct de la nature qui le porte à se mettre dans une situation favorable pour jetter les humeurs superflues qui lui viennent à la bouche. Ces humeurs retombent dans l'estomac, où elles ont de funestes effets sur-tout dans le temps de la dentition; car alors il se fait une sécrétion plus abondante de ce fluide.

Un autre inconvénient du maillot, c'est d'ôter à l'enfant toute action naturelle, tout exercice favorable à son accroissement & propre à lui donner de la force.

Quel jeu ses pieds & ses mains peuvent-ils avoir dans les langes qui les compriment ? Mais si on laissoit les enfans en toute liberté, ne seroit-il pas à craindre qu'ils ne donnassent à leurs membres des tours forcés & des postures peu naturelles capables de les déformer ? Non, il n'y a rien à craindre de ce côté. Toute situation vicieuse & contre nature est douloureuse, & s'il arrivoit qu'un enfant en se tournant prît une attitude qui lui fût contraire, la douleur l'avertiroit d'en changer. D'ailleurs l'expérience parle. Dans toutes les contrées où ces précautions que nous prenons sont rejettées comme superflues & nuisibles, les enfans sont plus robustes & mieux faits que chez nous. Il est rare que les enfans puissent se nuire par les mouvemens qu'ils se donnent d'eux-mêmes. Leur foiblesse naturelle les empêche de se mouvoir assez violemment pour se blesser. Voilà pourtant le beau prétexte que l'on allegue pour justifier la contrainte cruelle à laquelle on asservit ces innocentes victimes. Un enfant en liberté doit être sans cesse veillé : quand il est lié, on peut le jetter dans un coin, & vaquer à d'autres occupations.

Il est de la plus grande importance pour la santé des enfans, de les tenir toujours propres. Les nations de l'Orient, sur-tout les Turcs, & les Américains sont extrêmement attentifs sur cet article. Les habillemens serrés dont nous couvrons les nôtres rendent cette précaution doublement nécessaire. Mais ils s'y opposent en même temps, & l'usage veut qu'on ne délie les langes d'un enfant que deux fois par jour.

Leur peau délicate se trouve

aisément blessée, & nous les garnissons d'épingles. Les enfans ne crient point, à moins qu'ils ne ressentent quelque douleur, car le besoin est une sensation douloureuse. Lors donc qu'on les entend crier, il est à propos de rechercher la cause de leurs cris, & d'y remédier. Car si on les laisse souffrir, les fonctions de l'économie animale en seront troublées, sur-tout la digestion, & il s'ensuivra des maladies. Les cris des enfans sont la voix de la nature qui demande du secours. Elle n'a point encore d'autre langage pour exprimer ses besoins. Au lieu d'écouter cette voix, on l'étouffe en attachant le pauvre enfant sur son berceau; là par des secousses violentes & continuées, on l'étourdit, on confond tous ses sens, on le met dans un état de convulsion qui, à force de le fatiguer, éteint le sentiment de la douleur dans un sommeil forcé. Quelquefois on le laisse crier jusqu'à extinction de force. Les efforts violens qu'il fait pour se secourir lui-même, & l'agitation de ses sens alterent considérablement sa constitution. Lorsque les premieres sensations d'un enfant sont si pénibles & si douloureuses, lorsqu'on excite de si bonne heure les passions turbulentes dont le germe est dans les plus foibles machines humaines, on doit craindre qu'il ne se développe promptement & qu'il ne corrompe bien vîte le plus beau caractere.

La premiere enfance a besoin de beaucoup de sommeil, & il ne faut jamais le lui refuser. Lorsque l'enfant éveillé aura la liberté de se donner tout le mouvement & l'exercice qu'il voudra prendre, il ne sera pas nécessaire de le bercer pour l'endormir : méthode absolument abusive &
sujette

sujette aux plus grands inconvéniens. Un sommeil amené par force, soit par une violente agitation du petit lit ou berceau, soit par l'épuisement de l'enfant en criant, est ordinairement ou convulsif & inquiet, ou trop long & trop profond.

Les enfans tournent naturellement les yeux vers la lumiere. Il est donc à propos que leur berceau soit éclairé par le pied, de maniere que les deux yeux, quand ils s'ouvrent, reçoivent également la lumiere. Car si elle tombe moins sur l'un que sur l'autre, celui-ci deviendra plus fort, & celui-là restera plus foible. La négligence des nourrices & des gardes sur ce point, est cause qu'il y a tant d'enfans louches.

Trop de nourriture, trop de vêtement, trop peu d'exercice, un air renfermé & appauvri, voilà les sources principales des maladies des enfans. Quoiqu'un enfant ne crie guere que lorsqu'il ressent de la douleur, tout ce qu'on fait pour l'appaiser se réduit à lui donner à boire ou à manger, ou bien à le mettre dans son berceau & à l'endormir bongré-malgré. Pour peu que l'on ait soin de ne le pas laisser manquer, il est rare que la faim le fasse crier. Outre que les premieres sensations du besoin ne sont pas assez douloureuses pour le faire crier, il donneroit d'autres signes de sa faim avant qu'elle fût parvenue à un certain degré. Si l'on n'observe point ces signes, c'est qu'on ne laisse point les enfans avoir faim. Lorsqu'après l'avoir sévré, on lui donne à manger réguliérement trois fois par jour à des heures marquées, il saura manifester le retour de sa faim d'une maniere aussi intelligible que s'il parloit. Mais lorsqu'on le surcharge sans cesse de nourriture, comment connoître la juste proportion de l'appétit naturel ? Comment en comprendre l'expression sans l'avoir étudiée ?

La nourriture des enfans doit être simple & d'une digestion facile. Du lait, du potage, du pain bien cuit, un coulis d'orge, du ris, des légumes : voilà ce qui leur convient. Toute nourriture où il entre des substances non-fermentées, toutes sortes de patisseries & de gâteaux au beurre, leur sont plus nuisibles que la viande même. Les épiceries leur sont mortelles ainsi que les liqueurs fermentées. Leur boisson ordinaire doit être de l'eau pure. La quantité de nourriture doit être réglée par leur appétit. Les enfans mangent avidement tant que le besoin dure. Quand cette avidité cesse, c'est une marque que le besoin est satisfait.

On habille trop les enfans, on

les retient auprès du feu, on les couche dans des chambres bien chauffées & dans des lits baſſinés, on a grand ſoin qu'ils ne s'expoſent pas à l'intempérie de l'air. C'eſt le moyen de relâcher toutes les fibres du corps & d'énerver pareillement l'eſprit. Si avec cette éducation efféminée, on les nourrit de ragoûts fins, de ſauces épicées, de ſubſtances animales, trop fortes pour leur eſtomac, il ne faut pas s'étonner qu'ils ſoient foibles & valétudinaires.

C'eſt une erreur, que de penſer qu'un enfant nouveau-né ne puiſſe être tenu trop chaudement. Ce malheureux préjugé fait qu'un enfant au bout de quelques mois devient ſi tendre qu'il ne peut ſupporter un air frais & ſalubre pour tout autre, ſans en être incommodé. Au contraire un enfant ne ſauroit être trop au grand air, ni habillé trop légérement. Il doit être beaucoup moins vêtu que les personnes plus âgées, parce qu'il a plus de chaleur naturelle, comme le prouve l'expérience du barometre. Auſſi les animaux ne naiſſent pas auſſi fourrés qu'ils le deviennent par la ſuite. Il y a une infinité d'exemples d'enfans expoſés & abandonnés qui ont vécu pluſieurs jours à un air aſſez dur pour faire mourir des adultes qui y ſeroient reſtés la moitié moins de temps. Ils devroient n'avoir ni bas ni ſouliers, du moins juſqu'à ce qu'ils fuſſent en état de marcher ſeuls. Ils en ſeroient plus fermes ſur leurs pieds : ils apprendroient à marcher plus vîte. Leurs hanches & tous leurs membres ſeroient mieux proportionnés s'ils n'étoient pas enveloppés. Les bas ſur-tout ſont fort incommodes pour les enfans, ils tiennent leurs petites jambes toujours froides & mouillées, ſi on ne les change preſque à toute heure.

Le principe actif a tant de vigueur & même de pétulance dans les enfans, qu'il veut être toujours en mouvement : il lui faut un aliment qui le tienne en haleine. Cette extrême vivacité a été donnée à cet âge pour une fin sage : l'homme a plus à faire & à apprendre dans ses trois premieres années, que dans les trente suivantes. Aussi à mesure que l'on avance en âge cette activité s'amortit ; elle se resserre & se concentre, la nature ne faisant pas une plus grande dépense d'action qu'elle n'en a besoin pour sa conservation & son bien-être. Cette vivacité d'esprit qui brille dans les enfans & qui semble animer tout ce qui les environne, se tempere dans l'âge mur, pour se changer enfin en cette froide tranquillité qui est le partage de la vieillesse.

Il faut donner un libre cours à l'esprit actif des enfans, & permettre à leur curiosité inquiete de se porter sur tous les objets qui l'attireront. Qu'ils aillent & viennent, qu'ils agissent sans cesse. Cet exercice continuel augmentera leurs forces. On doit les familiariser de bonne heure avec toutes sortes d'objets, les encourager même à s'en approcher dès qu'ils peuvent se traîner sur leurs mains & sur leurs genoux. Ce n'est que par le tact que l'on acquiert alors des idées justes de la figure & de la situation des objets. On ne sauroit donc accoutumer trop tôt les enfans à faire usage de ce sens, & à l'appliquer aux choses qui sont à leur portée. C'est pourtant ce qu'ils ne sauroient faire, s'ils sont toujours sur les bras de leurs nourrices jusqu'à ce qu'ils puissent marcher seuls; & si elles n'ont pas soin de les porter tantôt sur un bras & tantôt sur l'autre, leur taille en souffrira infailliblement: jamais ils n'auront le corps droit, il portera plus sur une hanche que sur l'autre. Les lisieres n'apprennent point à marcher. Elles servent seulement à épargner de la gêne aux nourrices. Ou les enfans flottent sur ces cordons lâches, & alors ils ne se tiennent point fermes sur leurs pieds; ou ils y sont comme suspendus, attitude incommode qui leur tire les bras & les épaules en-haut. Ils sont beaucoup moins sujets à tomber lorsqu'ils ne comptent pas sur ce secours étranger. On ne sauroit leur apprendre trop tôt qu'ils ne doivent rien attendre que d'eux-mêmes. Dès qu'échappés des bras de leurs nourrices, ils sont en état de marcher seuls, & de veiller pour eux-mêmes, ils s'en acquittent ordinairement bien. On croit communément qu'on ne doit point se presser de mettre les enfans foibles sur leurs jambes, sur-tout s'ils sont noués ou tortus. L'expérience prouve néanmoins que les jambes tortues prennent de la force, & même qu'elles se redressent par l'exercice, au lieu que le non-usage fait empirer le mal chaque jour.

Les villes sont les tombeaux de l'espece humaine. Bientôt elles seroient désertes, si elles n'étoient recrutées sans cesse par les gens de la campagne. Tout concourt à établir que la campagne est le séjour le plus convenable à la premiere éducation des enfans : la pureté de l'air, la variété des amusemens de la vie champêtre, la frugalité de la nourriture, la simplicité & l'innocence des mœurs. Les hôpitaux sont mortels pour les enfans, à cause de l'air appauvri & mal-sain qu'ils y respirent. Les orphelins que l'on y renferme avant que leur tempérament soit formé, & que l'on y condamne à une vie sédentaire, parviennent rarement à l'âge mur, où ils y parviennent en languissant. On diroit que c'est un crime d'être né de parens pauvres & que pour les en punir, on leur ôte la santé, le seul bien que la nature leur ait donné. Non-seulement la soif de l'or endurcit le cœur & le roidit contre tout sentiment d'humanité, mais elle aveugle encore les hommes sur leurs intérêts les plus chers. Les mêmes principes de politique qui nous font ménager nos chevaux jusqu'à ce qu'ils aient pris leur accroissement & atteint la force de l'âge, devroient nous faire traiter les enfans de l'État avec un égal soin. Les orphelins sont les enfans de l'État qui les adopte.

Une constitution foible demande beaucoup de précautions par rapport à la nourriture. Elles deviennent moins nécessaires à l'égard des enfans qu'on accoutume de bonne heure à une vie dure, & à toutes les vicissitudes de l'air. On ne sauroit croire jusqu'à quel point on peut endurcir le corps humain, pourvu qu'on s'y prenne de bonne heure, & qu'on l'accoutume par degrés à supporter l'intempérie des saisons, la faim, la soif & la fatigue. Il n'est rien à quoi le corps ne se fasse, avant qu'il ait pris une certaine consistance : il n'est rien qu'on ne puisse tenter sans danger. Mais lorsqu'il a pris son parfait accroissement, tout changement devient dangereux. La délicatesse & le luxe efféminé de l'éducation moderne détruit tous les principes de vigueur, de flexibilité & d'agilité, avec lesquels nous naissons. Les nations barbares, malgré la multitude de coutumes absurdes & contre nature qu'elles suivent, sont sujettes à moins de maladies que nous, parce que leur constitution robuste est capable de supporter tous les excès. Les femmes qui habitent l'Isthme d'Amérique, se plongent, sans danger, elles & leur enfant, dans l'eau froide, dès qu'elles sont accouchées. Toutes les maladies, qu'occasionne le passage du chaud au froid & du froid au chaud, ne sont connues que des nations civilisées. Les anciens Romains acharnés à la poursuite de leurs ennemis, pouvoient tout couverts de sueur passer un fleuve à la nage, sans en ressentir aucune incommodité. Les Indiens font encore la même chose dans leurs chasses pénibles. Une éducation aussi dure que la leur en nous rendant capables des mêmes choses, nous mettroit à l'épreuve de leurs suites. Les précautions excessives que notre luxe nous fait prendre pour nous préserver du froid, ne font que nous y rendre plus sensibles... On ne peut s'en garantir efficacement qu'en s'y endurcissant. Nous en avons une bonne preuve dans la constitution vigoureuse des enfans que l'on baigne habituellement dans l'eau froide, & de ceux qui courent les rues sans souliers, sans bas & presque tout nuds, dans toutes les saisons de l'année.

La nature n'a point fait de pays trop froid pour ses habitans. Dans les climats glacés elle a rendu la fatigue & l'exercice habituels aux hommes, non-seulement par la nécessité de leur condition, mais par choix, leurs occupations & leurs amusemens naturels étant d'un genre violent & pour-ainsi-dire athlétique. Notre luxe nous a privés de la force & des avantages naturels que nous avions pour vivre sans douleur sous le climat qui nous a vu naître, & nous a donné en échange les maladies des autres climats. Nous sommes sur-tout sujets à une foiblesse & à une sensibilité extrême du genre nerveux, qui est pour nous une source féconde de maladies, & qui nous ôte en même temps le courage nécessaire pour les supporter. La plûpart des enfans qui périssent avant l'âge de deux ans, meurent dans la dentition. On regarde ce mal comme naturel & inévitable. Mais tous les animaux font des dents, & ils les font sans danger. Il est donc à croire que ce n'est pas un mal naturel. Pourquoi la nature opéreroit-elle autrement la dentition, que les autres accroissemens du corps qui se font sans la moindre peine, même sans aucune sensation. Quoique les dents puissent naturellement avoir plus de peine à percer que le poil, par exemple, & qu'ainsi la dentition puisse être accompagnée d'une douleur légere, ou même de quelque émotion fébrile, cependant il est probable qu'elle n'auroit aucunes suites fâcheuses, si la constitution de l'enfant étoit saine & robuste. Les autres animaux facilitent la sortie de leurs dents en mâchant quelques corps sur lesquels les gencives aient de la prise. L'enfant, par un instinct machinal, commence de bonne heure à porter tout à sa bouche. Dès que l'on s'apperçoit de cette indication de la nature, on devroit la suivre en donnant à l'enfant quelque chose qu'il pût presser entre ses gencives, comme une croûte de pain, une racine de regelisse, de guimauve ou autre corps semblable. Il ne faut pas croire qu'un corps plus dur, tel qu'un hochet de cristal ou de corail, eût le même effet ; il feroit mal à l'enfant & feroit plus capable de durcir que d'amollir les gencives.

On ne sauroit s'imaginer combien on fait de tort aux enfans en les appliquant trop tôt à l'étude des différentes branches de l'éducation. Le premier bien que l'on doit songer à leur procurer, c'est la santé, une constitution robuste, un tempérament heureux & un cœur droit. Un enfant maladif meurt à la fleur de l'âge, ou il ne fait que végéter, à charge à lui-même & inutile au public. Cependant il est bon de donner aux enfans les connoissances & les talens propres de leur âge, suivant leur condition, mais ce doit être sans préjudice pour leur tempérament. Que la culture des facultés corporelles marche toujours de front avec celle des puissances intellectuelles. Il ne faut pas laisser se perdre les unes ni les autres dans l'inaction : il ne faut pas aussi les excéder de travail. La marche de la nature

ture est graduée dans la perfection qu'elle donne à ses ouvrages, comme dans ses productions. L'homme, son chef-d'œuvre, a un progrès très-lent. Dans le premier âge, la nature semble toute occupée du travail des organes. Un des principaux moyens qu'elle emploie pour les perfectionner, est cette pétulante activité qui fait que les enfans ne se plaisent que dans le mouvement. Pour les facultés de l'esprit, elles se développent d'elles-mêmes à un certain temps qu'il ne faut pas prévenir. La force de l'imagination commence la premiere à se manifester par une curiosité sans bornes, par l'amour du grand, du merveilleux, & quelquefois du singulier & du bizarre. Le sentiment du beau n'est pas si précoce. Le progrès des affections est aussi plus lent. Au commencement l'amour-propre, cette passion-mere, agit seule : l'enfant rapporte tout à lui. Le cœur se dilate par degrés. Les affections sociales commencent à éclore. Le progrès de la raison est extrêmement lent. Dans l'enfance, l'esprit ne fait attention qu'à ce qui tient son activité en haleine, en lui donnant de l'aliment, il n'a égard à aucune des différences qu'il est nécessaire de connoître pour juger sainement des personnes & des choses. C'est pourquoi nous ne sommes guere capables de former un raisonnement abstrait, avant l'âge viril. Le goût vient encore plus tard, parce que le goût est la perfection du sentiment & de la raison. Si tel est l'ordre que la nature suit dans le développement des facultés humaines, tel doit être aussi le plan de l'éducation. L'art doit suivre religieusement la marche de la nature, cultiver convenablement chaque faculté à mesure qu'elle se produit, prendre également garde de la négliger & de l'excéder. Si nous voulons hâter la nature, nous y parviendrons : nous forcerons le progrès naturel des facultés, comme on force le développement d'une plante, ou la maturité d'un fruit, dans une serre. Mais nous ne devons pas nous flatter de les porter jamais à cette perfection qu'elles auroient acquise infailliblement, si nous n'avions pas été plus pressés de jouir, que la nature ne l'étoit de produire. C'est cependant à quoi on ne fait presque aucune attention dans l'éducation que l'on donne aux enfans d'un certain rang. On n'attend point la nature; à force de hâter ses productions, on la fait avorter en tout. On perd beaucoup de temps à des études désagréables. On exerce la mémoire, c'est-à-dire qu'on la surcharge d'un fatras d'inutilités qu'il lui faudra oublier dans la suite. Il y a des facultés que l'on épuise d'abord, en exigeant d'elles plus qu'elles ne peuvent donner. Il y en a d'autres qui se rouillent pour-ainsi-dire, faute d'usage & d'exercice. On ne sait pas prendre le temps de la nature. On ne lui laisse presque rien opérer d'elle-même, parce que l'on n'a point assez de confiance en elle. Talent, vertu, connoissance, tout est forcé, tout est factice. La santé est affoiblie par une éducation molle & casaniere : le caractere devient dur & revêche parce qu'il est sans cesse contredit : l'esprit excédé de bonne heure perd sa vigueur & languit : l'ame qui ne se meut plus d'un mouvement libre & naturel, contracte une roideur qui gâte les plus belles dispositions. Ainsi l'âge de la gaieté s'écoule dans les larmes, les châtimens & l'esclavage. Et que prétend-on par cette éducation précipitée ? Faire d'un enfant un homme quelques années avant le terme marqué par la nature. Je ne prétends pas qu'il faille laisser les enfans se former eux-mêmes sans aucun secours, sans aucune direction. Je suis persuadé au contraire qu'ils ont besoin d'être veillés de près dès leurs plus tendres années. Je sais qu'ils peuvent contracter, même avant que d'être en état de recevoir aucune éducation, des habitudes de corps & d'esprit si vicieuses & si fortes qu'elles résistent à tous les remedes qu'on voudra y apporter dans la suite. Je veux seulement faire voir combien il est dangereux de précipiter l'éducation, de troubler l'ordre que la nature a établi pour le développement des facultés humaines, & de facrifier un bien préfent à l'incertitude d'un bonheur futur. Il y a telle éducation qui pourroit faire d'un enfant un homme prefqu'accompli à l'âge de quinze ans : il paroîtroit avoir le cœur formé & l'efprit mur. Ce ne feroit pourtant qu'un homme en petit. Ses facultés feroient referrées & comme abrégées. Tout ce qu'il produiroit feroit comme un fruit précoce qui n'a point la perfection de fon efpece. Homme avant le temps, il auroit confumé d'abord toute fa force, & feroit incapable d'un progrès ultérieur. Un autre individu, élevé fur un plan différent, ne feroit homme peut-être qu'à vingt-cinq ans; mais il feroit bien fupérieur à l'autre, actif, robufte & puiffant : fes facultés feroient bien autrement conftituées; leur énergie n'auroit d'autres bornes que celles de la nature. L'éducation est une affaire aussi difficile qu'importante. Elle exige une profonde connoissance de la nature. Il faut beaucoup d'adresse pour diriger un enfant, avant que la raison lui ait appris à se diriger lui-même, pour le conduire sans qu'il s'en apperçoive, pour le commander & s'en faire obéir sans qu'il se doute de son esclavage. Il faut une attention si constante, une dextérité si ingénieuse, une prudence si naturelle, & avec cela une affection si tendre, que cet emploi ne convient guere qu'à un pere ou à une mere qui ont eux-mêmes reçu une bonne éducation.

Ces observations que j'ai recueillies & abrégées autant qu'il m'a été possible, prouvent, ce me semble, que la plûpart des miseres auxquelles l'espece humaine se trouve sujette dans sa condition présente, ne sont point des suites nécessaires de notre constitution, mais le résultat de nos caprices & de nos sottises. Nous nous livrons indiscrétement aux idées vagues & incertaines de l'esprit raisonneur, plutôt que de suivre les principes simples de la nature, & les loix de l'analogie que nous ne pouvons méconnoître entre notre constitution & celle des autres animaux. Il s'agit de cet âge de la vie où l'instinct paroît être le seul mobile de nos actions, & où conséquemment cette analogie entre eux & nous doit se trouver plus complete. Elle diminue à mesure que nos facultés intellectuelles se développent.

Lorsque nous voulons trouver la premiere cause de la foiblesse de notre complexion, nous sommes obligés de redescendre jusqu'au temps de l'enfance. C'est-là que nous trouvons la premiere
ori-

origine du mal. C'est alors que l'habitude a commencé à prendre la place de la nature, puis elle en a usurpé les droits. Avec l'âge, la source du mal augmente par la multitude d'autres petites sources qui s'y joignent. Les maladies de l'esprit & du corps s'engendrent les unes les autres, & portent la corruption dans tout le système humain. Leur génération offre ici un beau sujet de méditation. J'en laisse la recherche à des philosophes plus habiles. Je me contenterai de terminer ce discours par une simple observation sur le déclin de la vie humaine.

La fin de notre existence offre une scene bien singuliere dans le spectacle de la nature. La décadence graduelle des plus généreux sentimens du cœur, aussi bien que des puissances supérieures de l'imagination & de l'entendement, jusqu'à ce que leur cessation presque totale nous laisse dans un état beaucoup au-dessous de celui de quelque animal que ce soit, est sans doute une considération très-mortifiante pour l'orgueil humain. Elle est même si humiliante qu'elle me fait soupçonner que cette défaillance de notre être n'est point naturelle dans toutes ses circonstances, mais qu'il faut l'attribuer à des causes accidentelles, étrangeres à notre nature. J'aime à croire que, si nous menions une vie plus naturelle nous conserverions jusqu'à la fin le plein exercice de nos sens, ou du moins l'usage libre des facultés supérieures qui nous distinguent des autres animaux, & qui fondent l'espérance naturelle que nous avons de passer de cette vie à une condition plus parfaite & plus heureuse.

N'en doutons point : l'art peut prolonger la vie, peut-être même au-delà du terme que la nature lui a assigné. La recherche des moyens propres à produire un effet si excellent, est belle & importante ; elle l'est beaucoup moins que l'art exquis de jouir agréablement du temps qui nous est accordé.

SECTION II.

Les avantages qui élevent l'homme au-dessus des autres animaux sont ceux qui dérivent de la raison, de la sociabilité, du goût & de la religion. Voyons combien ils contribuent à rendre la vie plus heureuse.

La raison n'a pas d'elle-même un plus grand droit d'être mise au nombre des biens réels, que les richesses. Elle ne mérite ce nom qu'autant qu'elle contribue au bien-être de l'homme. La nature nous a donné une grande variété de sens & de goûts internes, inconnus aux autres animaux. Lorsqu'on les cultive convenablement, ils deviennent autant de sources de plaisir. Les néglige-t-on, ils restent si foibles qu'à-peine sont-ils capables de procurer la moindre satisfaction à l'ame. C'est la raison qui doit les cultiver. C'est elle qui doit analyser nos goûts & nos plaisirs, les ranger par classe, suivant le prix réel de chacun d'eux, assigner à chacun le degré précis de culture qu'il mérite, & ne lui en pas donner davantage. Si la raison, au lieu de remplir cet emploi comme il convient, s'attache à cultiver excessivement le moindre des talens, & néglige injustement les plus excellens, si par une suite nécessaire d'une telle injustice elle contribue moins au bonheur qu'au malheur de l'homme, mérite-t-elle d'être appellée un bien ? Examinons ses effets dans ceux qui la possedent au degré le plus éminent.

On exalte beaucoup les avantages naturels du génie. Ils le méritent. Rien n'est plus beau, rien n'est plus grand que cette force supérieure d'entendement qui distingue quelques individus. Si l'on oublie pour un moment le cours ordinaire des choses humaines, on croira que le génie doit procurer à ceux qui le possedent le premier rang parmi les hommes ; les grands génies paroîtront déplacés, s'ils ne sont pas à la tête de toutes les affaires, de toutes les professions, de toutes les conditions ; on s'imaginera que c'est le plus grand désordre qui puisse arriver dans la société ; on en accusera l'envie & la méchanceté des esprits subalternes, ou une malheureuse fatalité, ou un concours d'accidens funestes & imprévus qui confondent les rangs, & arrachent violemment les hommes de mérite de leur place naturelle. Dans le fait, ce n'est rien de tout cela. Le génie contribue rarement au bonheur de celui qui le possede, ou des autres. Les talens supérieurs sont ordinairement si mal employés qu'il n'en résulte presque aucune utilité pour le public, ni pour ceux dans qui ils éclatent. Vérité triste & surprenante! le génie se consume en pure perte.

J'entre dans une vaste bibliotheque. Là réside le génie de tous les siecles & de toutes les nations. Parmi cette multitude de livres, quelques-uns ont des lecteurs : ce sont ceux qui parlent au cœur & à l'imagination, qui peignent les mœurs avec des couleurs originales & dans des situations intéressantes, qui tracent un tableau ressemblant des passions, qui décrivent la nature dans ses belles formes, ou qui traitent des arts utiles & agréables. Voilà les livres qu'on lit & qu'on admire. Mais pour cette énorme quantité de volumes, productions pénibles de l'entendement, systêmes profonds, recherches philosophiques, hypotheses théologiques, monumens fastueux de l'orgueil & de l'impuissance de l'esprit humain, ils font négligés & méprifés. Ce n'eft pas que leurs Auteurs n'aient montré une vafte érudition, & une profondeur de génie au-deffus du commun. Mais quel bien leurs veilles laborieufes ont-elles produit ? S'ils euffent employé la moitié moins d'efprit & de travail à des recherches plus utiles, ils euffent fait des découvertes capables de les immortalifer. C'eft le fort ordinaire du génie philofophique, de fe prévaloir de fes forces, de vouloir pénétrer des myfteres qui furpaffent l'intelligence dont l'homme eft capable. Il établit des principes généraux, il bâtit des fyftêmes, avant que d'avoir raffemblé un nombre fuffifant de faits & d'obfervations pour leur fervir de bafe. Il commence l'édifice de la feience par où il devroit le finir. Il met les conjectures à la place de l'expérience. Bacon avoit tracé une route plus sûre. Il enseigna aux savans l'art de cultiver avec succès les différentes branches de la philosophie. Newton & quelques autres ont profité de ses conseils ; mais le nombre en est petit. Le génie souffre impatiemment le frein. Il ne reconnoît point de guide. Il s'élance avec impétuosité jusqu'aux spheres les plus élevées. Son essor rapide franchit les bornes du possible. Il aime à créer. Il enfante souvent des chimeres. Les arts & les sciences utiles exigent communément plus de travail que de génie, plus d'expérience que d'esprit systématique, plus d'observation que d'invention. Les arts sont dans la nature : il s'agit de les découvrir & non de les créer.

Parmi les productions de l'entendement, les mathématiques pures sont presque les seules qui aient conservé l'estime générale dont elles ont joui dans tous les temps.

Elles ont toujours leur prix, indépendamment de leur application aux arts utiles. L'exercice qu'elles donnent à l'esprit inventeur, & la surprise agréable qu'elles causent par la découverte des nouveaux rapports des figures & des quantités, sont des sources naturelles de plaisir. C'est la seule science dont les principes existent dans la tête des philosophes : principes infaillibles auxquels on peut toujours se fier !

Quoique les hommes de génie ne puissent souffrir ni loix ni méthode, ils sont néanmoins les seuls en état de tracer celles qu'il faut suivre pour parvenir aux découvertes utiles. En philosophie, le génie qui dirige, est presque toujours incompatible avec le génie qui exécute. Bacon en est un exemple illustre. Il couvrit de ridicule la méthode des scholastiques. Il y substitua une maniere plus conforme aux grandes vues de la nature; mais ni lui ni aucun des philosophes qui lui ont succédé, n'ont pu s'y asservir strictement.

Il paroît donc que les arts utiles sont moins dus aux efforts de la supériorité du génie, qu'aux découvertes heureuses & souvent fortuites des artistes, & à la sagacité de quelques esprits plus observateurs que philosophes. La médecine est sans contredit le plus utile de tous les arts. C'est l'art de conserver & de rendre la santé. Tout médecin de bon-sens & de bonne-foi, qui a fait son cours ordinaire d'études, conviendra qu'on lui a fait perdre un temps infini à apprendre des choses qui ne peuvent lui être d'aucune utilité dans l'exercice de sa profession, qu'il a étudié des systêmes & des théories, qu'il a feuilleté d'ennuyeux commentaires pour apprendre ce que tout homme d'un esprit ordinaire fauroit dans peu de mois par une étude mieux dirigée; & que deux ans d'expérience & de pratique valent mieux que toute une bibliotheque de médecine. Cette fcience doit peut-être plus à Paracelfe, enthoufiafte non-lettré, qu'à tous les les médecins qui ont écrit depuis Hyppocrate jufqu'au commencement de ce fiecle, excepté Sydenham qui doit fa réputation au grand foin qu'il a eu de tourner fes vues, & d'appliquer toute fa pénétration naturelle à faire des obfervations & à en rendre compte avec une candeur peu commune. Le peu de philofophie qu'il avoit, & il avoit la meilleure de fon temps, ne lui fervit qu'à gêner fon génie, & à rendre fes écrits quelquefois obfcurs & ennuyeux.

L'état d'enfance où refte l'agriculture prouve mieux que tout le refte, combien les philofophes s'attachent à des recherches oifeufes, au lieu de s'appliquer à des objets d'une nécessité indispensable, ou du moins d'une utilité prochaine. Combien de mathématiciens, s'ils étoient obligés de faire valoir une ferme, n'entendroient pas aussi-bien la construction d'une charrue, que le paysan qui la tire! Combien seroient fort embarrassés s'il falloit cultiver & ensemencer un champ!

Prenons garde néanmoins de méconnoître les avantages réels d'une autre espece de philosophie qui ne s'occupe que d'objets utiles à la société. Le génie philosophique se répand de plus en plus. Cet esprit de recherche, concentré d'abord dans la sphere des questions théologiques & politiques, commence à éclairer de sa vive lumiere toutes les autres branches de la science. L'autorité des grands noms ne fait plus loi dans les objets qui sont du resfort de la raifon. On fe dégoûte des théories qui ne peuvent avoir aucune application dans le commerce de la vie. Ce font des phantômes brillans d'une imagination exaltée, qui ne féduifent plus perfonne. On a commencé à écarter cet amas énorme de décombres que le temps avoit raffemblés autour du temple de la fcience, & fous lefquels il fe trouvoit prefque enféveli. On n'a plus que du mépris pour cette érudition auffi obfcure qu'affomante, qui déparoit autrefois les productions les plus excellentes de l'efprit. La feule méthode avantageufe au progrès des connoiffances humaines, c'eft celle qui joint la clarté à la précifion, qui ne fe fert des termes techniques & du jargon fcientifique, qu'autant que le fujet l'exige abfolument. Cette méthode eft d'autant plus néceffaire aujourd'hui, que, dans les siecles précédens, elle a été négligée par des hommes de génie dont les écrits ne sont pas pour cela aussi utiles qu'ils pourroient l'être. Une autre raison, c'est que, comme je viens de l'obferver, les esprits méditatifs les plus propres à tracer le plan des recherches utiles, n'ont pas le talent de l'exécution. Ils doivent donc s'étudier à expofer les principes des sciences avec toute la clarté possible, afin d'en rendre l'intelligence plus générale, & d'en faciliter l'application aux arts utiles. La chymie nous offre un exemple frappant des bons effets de cette méthode. Cette science a été, pendant plusieurs siecles, d'une obfcurité impénétrable, moins par la difficulté de ses opérations, que par son langage inintelligible pour tout autre que pour les adeptes; c'étoit une magie naturelle mêlée par une étrange association, de l'enthousiasme religieux le plus bisarre. Boerhaave a eu le mérite de la tirer de son obscurité, & d'en exposer les principes & les manipulations d'une maniere intelligible à tout homme de bon sens. Depuis cette époque, la chymie a fait de rapides progrès.

Les philosophes François ont rendu un service essentiel au genre-humain par leur attention à dépouiller toutes les branches de la science de ce qu'elles avoient de rebutant, & à faire servir la physique aux arts utiles & agréables. Ils ont encore un autre mérite, celui de communiquer leurs connoissances, & d'exposer leurs découvertes de la maniere la plus attrayante. Si la nature nous révéloit elle-même ses secrets, elle emprunteroit leur langage, tant il est naïf & convenable. M. de Buffon n'a pas seulement fait la meil-

meilleure Histoire Naturelle, mais il a sçu par la beauté de sa composition & l'élégance de son style, donner des graces infinies à un sujet que d'autres n'avoient pu traiter que d'une maniere seche & aride.

La même élégance embellit aujourd'hui toutes les sciences, celles même qui semblent être le moins susceptibles. La médecine commence à donner plus à l'observation & à l'expérience, qu'à l'esprit systématique & conjectural. L'insuffisance des théories purement ingénieuses est d'abord découverte. Dès que le pédantisme se montre, il est méprisé. La pharmacie, qui fut long-temps un objet de scandale aux yeux du médecin & de la raison, est enfin sortie de cet état de barbarie, ou plutôt d'ineptie qui la dégradoit. C'est à-présent un systême sensé, judicieux, uti-

H.

le, précis, & passablement élégant. L'Agriculture, le plus naturel, le plus précieux & le plus honorable des arts, parce qu'il est le plus indépendant & la source de tous les autres, fixe depuis quelques années les regards des grands & l'attention des philosophes. Mr. du Hamel, le Hales de la France, s'est acquis une grande réputation de ce côté, ainsi que dans plusieurs autres sciences utiles qu'il a perfectionnées.

Rien ne contribue tant à priver le public des grands avantages qu'il a droit d'attendre des talens supérieurs, que la passion de la science universelle qui maîtrise si constamment ceux dans qui ils se trouvent. On diroit que la nature leur tend un piege d'autant plus séduisant qu'il est beau de s'y laisser prendre. Cette passion disperse les forces du génie en le promenant successivement sur une multitude d'objets qu'il ne fait qu'effleurer légérement; au lieu qu'en les rassemblant en un point pour les appliquer toutes à un seul objet, il le porteroit à sa perfection. Il est vrai que l'amour de la gloire vient à propos réprimer cette envie immodérée de tout savoir. Le nom d'Auteur flatte l'homme de génie. Il le détermine à se fixer à un objet pour y exceller. Il prévient ainsi l'abus le plus grand & le plus ordinaire que l'on fait de ses talens, en perdant un temps considérable à la lecture qui est une occupation de paresseux. Dans la lecture, l'esprit est presque entiérement passif; il se surcharge d'une dose trop forte de connoissances mal digérées. La mémoire travaille pour retenir un fatras de sottises scientifiques, tandis que le génie, qui est sans contredit une faculté bien plus excellente, languit faute d'exercice.

Après avoir observé combien la supériorité du génie est ordinairement peu utile au public, voyons si elle contribue davantage au bonheur de l'individu à qui la nature en a fait présent. Ceux qui s'appliquent le plus à la culture de leur entendement, ne sont pas, à beaucoup près, les plus heureux de l'espece : c'est une vérité que l'expérience prouve, à la honte de la raison. Ils jouissent pourtant du plaisir pur qui accompagne la recherche & la découverte de la vérité. Je crains aussi que la satisfaction, qui résulte du sentiment intérieur de leurs talens, ne soit la partie la plus considérable de leur bonheur. Mais il y a quantité de sources naturelles de plaisir qui semblent entiérement desséchées pour eux. Les affections sociales languissent si elles ne sont cultivées. Le goût naturel de l'ame pour les vertus utiles, se perd s'il est négligé. Cependant les savans sont obligés de se séquestrer de la société pour mener une vie retirée & presque solitaire. Ils sont plus souvent dans leur cabinet que dans le monde. Ils sont donc sevrés de presque toutes les douceurs qui naissent des affections sociales. L'amour-propre en acquiert d'autant plus de force. L'homme à mesure qu'il se retire du monde, se concentre en lui-même : il risque, en perdant les autres de vue, de rapporter tout à lui. Aussi voyons-nous la jalousie & l'envie, qui sont de toutes les passions les plus cruellement ingénieuses, tourmenter les gens de lettres.

Lorsqu'on n'est pas répandu dans le monde, on en ignore les mœurs, & le ton de la société.

On ne s'applique donc point à acquérir ces petits agrémens, ces graces subalternes qui sont des talens essentiels dans la bonne compagnie, & qu'on n'acquiert que par l'usage du beau monde : c'est ce qu'on appelle se façonner. Combien de personnes de mérite ne percent point, faute de ce vernis élégant ? Combien d'autres éprouvent de petites mortifications, pour la même raison ? On a peine à les supporter ; ils s'en apperçoivent & ils y sont sensibles. La paix du sage en est troublée : car il n'est pas heureux, s'il ne se fait pas aimer de tous ceux qui l'environnent.

On entend dire tous les jours que le mérite est négligé. Ces plaintes ne sont pas toujours bien fondées. Est-il raisonnable qu'un homme qui vit éloigné du monde, se plaigne qu'on néglige ses talens lorsqu'il ne les a pas fait connoître.

La récompense naturelle du génie est l'estime de ceux qui savent le sentir & l'apprécier. Cette récompense ne lui manque jamais. On se plaint de-même, avec aussi peu de raison, du peu de cas que le monde semble faire des qualités du cœur. Le cœur ne se laisse point voir : il faut que sa bonté éclate par des effets sensibles. Les affections vertueuses ont une expression naturelle qui devroit toujours les accompagner, & en quoi consiste la véritable politesse. Mais le vice peut emprunter le langage de la vertu & en usurper ainsi la récompense. On a donc raison de ne se pas fier indiscrétement à une belle apparence. Si le plus beau caractere manque d'un extérieur propre à l'annoncer favorablement, & qu'au contraire il ait les dehors sinistres d'un cœur vicieux, on a raison de lui refuser le tribut légitime de la vertu, jusqu'à ce que les effets n'aient effacé la premiere impreſſion cauſée par ces appaces déſavantageuſes.

La foibleſſe de la ſanté eſt encore un malheur attaché à la ſupériorité du génie. Sa flamme conſume rapidement les organes du corps. On remarque de plus que l'eſprit le plus vif & le plus actif anime ordinairement un corps d'une conſtitution extrêmement délicate, où le genre nerveux a une ſenſibilité qu'un rien ébranle & fatigue. Les grands génies fourniſſent rarement une longue carriere. La vie ſédentaire & contemplative augmente la foibleſſe naturelle de leur complexion. L'économie animale eſt leſée dans ſes fonctions. L'activité de l'eſprit en eſt rallentie, quelquefois amortie. Il ſouffre de ce rallentiſſement; il a encore le chagrin de ne pouvoir pas être auſſi utile au public qu'il le voudroit. Le remede eſt
de

de ne point forcer le travail, de modérer l'activité de l'entendement de peur qu'elle ne prenne trop sur la constitution corporelle, de donner au corps un exercice convenable pour le fortifier, & le mettre en état de supporter les secousses du génie. Une application immodérée ne ruine pas seulement la santé; l'esprit en souffre encore un dommage considérable, au lieu que, si on lui fait quitter à propos le travail pour lui procurer un délassement honnête, il revient avec une double force à ses occupations favorites.

Un autre inconvénient du génie lors sur-tout qu'il s'attache plus aux objets de pure spéculation, qu'à la théorie des arts, c'est de sentir trop fortement les bornes de sa capacité en comparaison de la vaste étendue de la nature, & de l'envie extrême qu'il a de la connoître. Il a des yeux trop perçans pour l'intérêt de son amour-propre : il découvre des difficultés où un esprit ordinaire n'en apperçoit point : il rencontre à chaque pas des obstacles qui arrêtent sa marche, parce qu'ils lui semblent insurmontables. De-là naît un scepticisme dangereux, poison mortel qui engourdit toutes les facultés en leur ôtant l'espérance de parvenir à la vérité qui est l'objet de leurs recherches. Le scepticisme transporté des régions de la philosophie spéculative, dans le commerce ordinaire de la vie, rend les hommes de génie incapables d'aucunes affaires. Lorsqu'ils examinent avec toute l'attention dont ils sont capables les conséquences d'une démarche qu'ils vont faire, ils y trouvent tant de difficultés, ils voient tant de hasards contre eux, quelque parti qu'ils prennent, qu'ils délibèrent toujours sans prendre jamais une résolution déterminée. L'art de vivre étant une science absolument conjecturale qui ne peut ni prévoir ni prévenir tous les dangers, l'homme qui veut être utile au public & à lui-même, doit savoir se décider au besoin & passer d'abord à l'exécution de ses desseins. La simple probabilité doit lui tenir lieu d'une certitude qu'il n'est pas en droit d'exiger vu l'extrême instabilité des choses humaines.

Enfin l'homme de génie se trouve comme isolé au milieu de la société. Il semble habiter une sphere différente de celle qui embrasse le reste de l'espece. N'ayant point d'égaux, il n'a point d'amis. Il est un objet d'envie & de jalousie pour ceux qui s'érigent en juges des talens & de leurs chefs-d'œuvres. Le vulgaire a pour lui une vénération incompatible avec la confiance & l'amitié. On ne s'ouvre point à celui dont on craint la supériorité : on n'a garde de confier ses foiblesses à celui qu'on en croit exempt. C'est pourquoi nous voyons que les savans placent communément leur affection dans des hommes qui leur sont fort inférieurs du côté de l'esprit : ils ont une amitié sincere pour des gens d'un caractere bon & souple, qui ne se formalisent de rien, devant qui, par conséquent, ils peuvent se livrer sans réserve à tous leurs caprices, & à toutes leurs foiblesses sans craindre qu'on s'en offense. Les grands hommes qui préferent les douceurs de la vie sociale, & les délices de l'amitié, à la vanité de briller dans le monde, doivent cacher avec soin leur supériorité, & se mettre au niveau de ceux avec qui ils sont obligés de vivre. Leur conduite même en ce point doit être si naturelle, qu'on ne la prenne pas pour une condescendance qui feroit cent fois plus choquante que toute autre maniere de faire fentir combien ils font au-deffus des autres.

Ces obfervations fur les effets que la raifon, cette excellente faculté que l'on regarde comme le plus beau privilege de l'homme, produit dans les individus qui la poffedent au plus haut degré, & fur le peu d'utilité qui en réfulte foit pour leur bien-être particulier, foit pour le bien public, nous portent à penfer que la Providence maudit, pour-ainfi-dire, les grands talens, au moins à quelques égards, pour maintenir la balance égale entre tous les hommes. Quoi qu'il en foit, il eft évident que la vertu, le génie, la beauté, la fanté, la force, & tous les avantages naturels, font mêlés d'imperfections qui en alterent l'effence, en empêchent en partie les effets, trompent l'efpérance de ceux qui les poſſedent; & au lieu de les élever au-deſſus des autres mortels, comme ils s'en flattoient, les mettent quelquefois au-deſſous des ſujets les plus ordinaires de l'eſpece.

En conſidérant l'homme comme un être diſtingué des brutes par le principe de ſociabilité qui l'attache à ſes ſemblables par ſympathie ou par affection, on découvre une nouvelle ſource de plaiſirs qui ſont ſans contredit les plus exquis.

Ce principe de ſociabilité ne paroît pas avoir une connexion naturelle avec l'entendement. Je viens de remarquer en effet que les hommes ſupérieurs aux autres par les facultés intellectuelles, ſont les moins ſociables. Ce n'eſt pas qu'ils aient un cœur naturellement moins ſenſible; c'eſt que le principe de ſociabilité languit en eux faute d'exercice. Les gens inoccupés qui menent une vie plus diſſipée, en tirent un meilleur parti parce qu'ils le cultivent davantage. Il a plus de force & d'activité dans eux. C'est de cette source qu'ils tirent leurs plaisirs & même leurs vices. L'amour du vin, lorsqu'il n'est pas porté à l'excès, est favorable à ce principe, sur-tout dans les climats du nord où les affections sont naturellement froides : car le vin, en produisant une chaleur artificielle, ouvre les pores, dilate le cœur, & bannit toute réserve, qualité naturelle au sage, mais incompatible avec les liaisons formées par la sympathie & l'affection.

Ces descriptions vives & enflammées de l'amitié, qui charment tant l'esprit des jeunes-gens, sont des peintures romanesques parmi nous & chez tous les peuples qui habitent un climat froid ou même tempéré. En jettant les yeux autour de nous, nous ne trouvons personne à qui elles soient applicables, excepté un petit nombre d'ames choisies qui ont renoncé à toute sorte d'ambition & d'intérêt. Ces sentimens chauds sont le fruit de l'ardeur du climat : nous n'en avons que le masque, & notre vanité ridicule ose s'en faire honneur. J'en dis autant de l'amour. Nous en ignorons la délicatesse. Nous n'avons que de la galanterie ou de la débauche. Quelques savans, qui s'honorent du nom de sages, traitent l'amour de ridicule & de foiblesse indigne d'un homme. Ils n'en reconnoissent point d'autre espece que celle qui nous est commune avec les autres animaux. Ils conviennent bien de l'utilité & de la nécessité du beau sexe pour la conservation de l'espece ; mais à peine lui font-ils la grace de regarder les femmes comme des compagnes raisonnables & agréables. Voilà les déclamations d'un cœur insensible au plaisir le plus délicat, ou le dépit d'une vanité trompée, plutôt que le langage de la raison & de la nature? On ne méprise point le sexe lorsqu'on en est favorisé; on ne médit point de l'amour lorsqu'on aime, & que l'on se croit aimé d'une femme de mérite. L'attachement entre les deux sexes est un principe naturel qui influe beaucoup sur le bonheur de la plupart des hommes. Comme l'empire de la beauté est extrêmement absolu dans les pays orientaux, cet agrément y fait tout le mérite des femmes. Il est en même-temps pour elles la source du plus affreux esclavage. Dans des contrées où tout est porté à l'excès, on fait accorder les contraires. Les femmes esclaves par ce qui fait leur puissance, vivent confinées dans un serrail, sans aucune occasion de perfectionner leur être, & sans aucune société libre. Leur sort est différent dans lès pays où la beauté n'a qu'un empire limité. L'amour est parmi nous une passion foible, qui cede ordinairement à l'ambition, la passion d'un petit esprit & d'un cœur froid. Les progrès du luxe doivent éteindre l'amour parmi les grands : car l'amour, pour avoir de la force & de la constance, doit être fondé sur le sentiment & sur l'estime. Mais si nous traitons les femmes comme des enfans, que devient la délicatesse du sentiment, où est l'estime ? Persuader aux femmes qu'elles sont faites pour supporter nos caprices, pour être les esclaves de nos plaisirs, & les gardiennes de notre famille, c'est rendre leur esprit bas & rampant, détruire en elles tout sentiment d'émulation, étouffer les dispositions heureuses que la nature leur a données pour faire l'agrément de la société. Il suffit de les élever d'une maniere plus décente & plus noble, de leur inspirer des sentimens honnêtes, une estime raisonnable d'elles-mêmes, & même une certaine dignité qui les empêche de s'avilir, & vous les verrez se porter naturellement à tout ce qu'elles croient convenable pour les rendre dignes de notre société & de notre amitié. Il ne faut pas croire que nous parviendrons à ce but en quittant notre caractere naturel pour prendre le leur. Comme la nature a assigné des occupations différentes aux deux sexes, elle leur a donné aussi un caractere différent, afin qu'ils fussent l'un & l'autre plus en état de remplir leur emploi particulier dans la société. L'homme doit nourrir & protéger la femme. Ses occupations sont au-delà de l'enceinte qui contient la famille. L'emploi le plus pénible est son lot : c'est pour cela qu'il a reçu en partage, une plus grande force corporelle, un courage plus mâle, & des facultés intellectuelles plus étendues. L'emploi de la femme eſt borné à la vie domeſtique. Elle doit être amie, épouſe & mere. Elle eſt chargée de régler convenablement l'économie intérieure de la famille. Mais ſa plus grande affaire eſt d'élever les enfans de l'un & l'autre ſexe ; notre premiere éducation eſt confiée aux femmes : elles préſident au premier développement de nos facultés : notre tempérament & notre caractere ſont à leur diſcrétion. Nos diſpoſitions naturelles ſe déploient ſous leurs yeux, & par leur impreſſion. Elles doivent les diriger vers leurs objets propres, & nous donner des mœurs. Cependant nous conſervons l'autorité non-ſeulement dans les affaires publiques, mais encore dans celles qui concernent l'intérieur de la famille. Il eſt vrai auſſi que les femmes ont un charme pour nous empêcher d'en abuser, c'est la douceur adroite & insinuante avec laquelle elle savent modérer ce pouvoir, en usurper quelquefois une partie.

Sous cet aspect, l'emploi propre de la femme est important & mérite des égards. La nature les a douées des qualités nécessaires pour y réussir. Elles possedent au suprême degré, la sensibilité du cœur, la douceur du caractere & l'affabilité des mœurs. Elles ont de la vivacité & de l'enjouement. Elles ont même le discernement des esprits. Leur imagination est vive, leur goût fin, leur sentiment délicat. Elles sont pêtries de graces & d'élégance; elles savent mieux juger que nous de la décence & de l'honnêteté : elles nous surpassent dans les ouvrages de goût qui sont à leur portée.

Si nous ne considérons pas les femmes sous ce point de vue honorable, nous rifquons de perdre prefque tout le plaifir qui doit être le produit naturel de la focieté des deux fexes : c'en eft fait de délices de la vie domeftique. La faine politique nous prefcrit d'en ufer noblement avec elle, de perfectionner leur être & de leur conferver leurs droits. En cultivant leurs heureufes difpofitions, nous les mettons en état de remplir avec fuccès la tâche qui leur eft échue. En leur donnant une honnête liberté nous les empêchons d'en abufer. Il ne faut pourtant pas fe fier aveuglément à leur infenfibilité, ni à leur religion, comme font quelques indifcrets qui ne manquent guere d'en être tôt ou tard les dupes. Une femme bien née, qu'on traite comme une amie & comme une égale, y fera fenfible : un jufte retour fera le fruit de fa reconnoiffance. Un homme d'un caractere noble &

généreux trouvera infiniment plus de douceur à être aimé d'une femme de mérite, qu'à être servi & obéi d'une esclave.

Si nous continuons l'examen des autres plaisirs dont jouissent les êtres sociables, nous y trouverons des sensations délicates & délicieuses d'un grand prix pour quelques-uns, & que d'autres qui ne les ont jamais éprouvées, croient imaginaires & romanesques. Il n'est pas difficile de rendre raison de cette contrariété. Il y a certainement une différence originelle entre les constitutions particulieres de deux hommes ou de deux peuples, quoiqu'elle ne soit pas aussi grande qu'elle paroît l'être à la premiere vue. La nature humaine a par-tout les mêmes principes. Il peut arriver & il arrive en effet qu'un principe naturel est plus fort chez un peuple que chez les autres.

Mais dans ceux-ci l'exercice & la culture peuvent y suppléer en grande partie. Les habitans des climats froids, ayant naturellement le cœur moins chaud & moins sensible, ils goûtent moins les raffinemens de la sociabilité qui ont tant de charmes pour les hommes d'un tempérament différent. Si ces raffinemens sont capables de procurer à l'ame un plaisir innocent & réel, l'emploi le plus utile de la philosophie est de chercher la méthode la plus convenable pour extraire du principe social toute la volupté qu'il contient. Cette étude qui fait une partie considérable des mœurs, est supérieurement négligée en Angleterre. Aussi les Anglois également avantagés du côté de l'esprit & du cœur, riches & libres, sont malgré cela le peuple le plus mélancolique & le plus malheureux qu'il y ait. Le François au con-

contraire dont on affecte de mépriser la légéreté, & dont on s'efforce de copier les modes & les talens frivoles est heureux sans jouir d'une aussi grande opulence, ni d'une aussi grande liberté civile & religieuse. C'est que le François a reçu de la nature une gaieté & une vivacité extrêmes qu'il a grand soin de cultiver par tous les arts d'agrément propres à récréer l'imagination, à répandre de l'enjouement dans le commerce de la vie, & à donner à la société tout le poli dont elle est susceptible. Les Anglois négligent trop ces mêmes arts, & s'ils les méprisent, ils ont doublement tort. Leur philosophie sombre, sévere & profonde semble les rendre plus sages; mais sûrement elle ne les rend pas plus heureux. Il n'est pas rare en Angleterre de trouver des savans pleins d'un mépris dédaigneux pour tous les ouvrages qui ne parlent qu'à l'imagination & au cœur, pour ces peintures délicates & naïves de la vie & des mœurs, productions aifées du fentiment & du goût. Ils ne font pas attention que ces ouvrages élégans, outre qu'ils excitent la force de l'imagination, & qu'ils rendent les affections de l'ame plus vives & plus chaudes, ont encore l'avantage de faire connoître le monde & fes mœurs, connoiffance importante & abfolument néceffaire à quiconque veut y remplir fon rôle avec convenance & dignité. La peinture des mœurs eft fûrement la plus fublime & la plus utile de toutes les efpeces de peinture. L'exécution en eft délicate & dangereufe : elle peut avoir de fâcheufes fuites pour l'efprit & pour le cœur. Mais lorfque ce genre fera celui des hommes de génie & des belles ames, on n'aura aucun sujet de s'en plaindre.

Il y a une différence remarquable entre le goût de l'Anglois & du François pour la vie sociale. En France, les hommes d'un certain rang passent toutes les heures de leur loisir dans la compagnie des femmes, & de la jeunesse la plus gaie & la plus heureuse : dans ces cercles agréables ils se délassent des fatigues du cabinet. Là ils perdent le souvenir des affaires, dérident leurs fronts séveres, & dilatent leur ame qu'une application pénible tenoit concentrée en elle-même. Cette dissipation met du baume dans le sang, fait circuler les humeurs, excite les esprits & fait que les François sont de tous les peuples de l'Europe ceux qui vivent plus long-temps & plus heureux, & ressentent moins la caducité tant de l'esprit que du corps. En Angleterre, nous avons je ne sais quelles idées de décence & de dignité qui nous font regarder comme ridicule la maniere dont les François emploient les heures de leur loisir. Si pourtant nous examinons de près cette décence prétendue, nous sentirons d'abord qu'elle n'a point de fondement solide. Nous croyons qu'il convient de n'associer ensemble que des personnes du même âge, du même sexe, & même du même genre d'affaires & d'occupations. C'est être la dupe des mots. Consultons la nature & le sens commun. Ne voyons-nous pas que la vraie décence & la juste harmonie de la société, consistent dans un assortiment judicieux de personnes qui different entre elles, soit par le caractere, l'âge & les facultés ? Il n'y a point de condition indépendante de toutes les autres : il n'y a point de classe d'hommes qui se suffise, & qui trouve tout son bonheur dans elle-même. Chaque sexe, chaque caractere, chaque période de la vie ont leurs avantages & leurs désavantages, & le besoin mutuel qu'ils ont les uns des autres rend leur union plus convenable & plus heureuse. Le beau sexe attend de nous des connoissances, de la sagesse, de la prudence : voilà les avantages qu'il se promet de notre conversation; il nous offre en échange de l'humanité, de la politesse, de l'enjouement, des graces, du goût & du sentiment. La légéreté, l'étourderie & la folie de l'enfance égaient la gravité, le sérieux & la sagesse de l'âge mur, tandis que la foiblesse, le sangfroid, & la langueur de la vieillesse sont excités par le courage, l'ardeur & la vivacité de la jeunesse.

Les vieillards sur-tout gagneroient beaucoup dans la société des jeunes-gens. Plusieurs causes, outre l'amortissement naturel du feu de l'âge, contribuent à rendre la derniere scene de la vie triste & mélancolique. Le peu d'amis que l'on avoit se retirent les uns après les autres: l'imagination qui s'éteint manque de ressources: la brillante perspective dont on aimoit à se repaître dans des jours plus beaux & plus heureux, s'évanouit. La source même des vertus se tarit: on n'a plus cette franchise, cette générosité, cette noblesse de sentiment, ce grand cœur qui embrasse l'univers dans sa bienveillance. On devient soupçonneux, difficile, dissimulé; en un mot on a toutes ces petites passions intéressées qui aigrissent le caractere, & resserrent le cœur. Les vieillards qui ne fréquentent que des vieillards augmentent mutuellement leurs malheureuses dispositions : leurs infirmités, la décadence des temps, l'abandon où ils sont, les vices de la jeunesse, & autres choses également déplorables, sont les sujets ordinaires de leur conversation. C'est un concert lugubre de plaintes qui ne finissent pas. Est-ce ainsi que l'on apprend à supporter les inconvéniens du dernier âge ? Il faut chercher à se distraire de ces idées affligeantes. La société des jeunes-gens est ce que je connois de plus propre à bannir cette sombre tristesse, & à leur inspirer cette gaieté, cette vivacité, ce je ne sais quoi que nous ne comprenons peut-être pas bien, & qui pourtant est d'une si grande conséquence pour conserver la santé & prolonger la vie. Je veux parler de ce principe universel d'imitation si naturel à tous les hommes, qui les porte a retracer d'abord en eux, sans qu'ils s'en apperçoivent, les actions &

les caracteres qui les affectent. Nous pouvons souvent empêcher les effets de cette disposition naturelle par un effort de raison ou par des impressions contraires; d'autres fois elle est insurmontables. Nous en avons des exemples sans nombre dans l'uniformité de caractere & de mœurs que l'on remarque entre les personnes accoutumées à vivre ensemble, & dans la communication subite de certaines passions, telles que la crainte, la tristesse, la joie, l'ardeur militaire, & d'autres émotions semblables dont on ne sauroit assigner d'autre cause. La communication des maladies des nerfs, & particuliérement des affections convulsives, est quelquefois si étonnante qu'elle a été attribuée à une espece de sort & d'enchantement. Nous ne prétendons point expliquer la nature de ce phénomene de l'économie humaine. C'est un fait constant : il y existe un principe en vertu duquel la gaieté se communique comme la tristesse, & la santé comme la maladie.

Un vieillard persuadé de cette philosophie est bien éloigné de blâmer ou d'envier les innocens plaisirs de la jeunesse, sur-tout de ses propres enfans. Au contraire, il voit avec délices leur imagination s'épanouir par degrés, leur raison éclore, leur cœur s'enivrer de joie. Il goûte par une secrete sympathie, leurs jeux enfantins qui semblent le rajeunir en lui retraçant le souvenir agréable de sa jeunesse passée : souvenir précieux qu'on ne peut mieux comparer qu'à ces belles peintures dont les couleurs s'empâtent en vieillissant, & contractent à la longue une douceur inexprimable. Ainsi la vie se prolonge dans la gloire & le bonheur, jusqu'à l'âge le plus avancé.

SECTION III.

LE goût est une nouvelle source de plaisirs, qui distingue l'homme des brutes. Le goût est la perfection du sentiment & de l'imagination. Les plaisirs qu'il procure ne sont que pour un petit nombre d'ames privilégiées. La condition servile du vulgaire le réduit à ne s'occuper que du soin de sa subsistance. Cette nécessité l'empêche de cultiver sa raison & son imagination, si ce n'est autant que l'exige le genre de ses occupations. Il est à croire néanmoins que cette classe d'hommes est la plus heureuse, si leur travail suffit pour leur procurer une aisance honnête. S'ils ne jouissent pas des plaisirs que donnent des facultés naturelles plus étendues & mieux cultivées, ils sont exempts aussi des miseres qu'entraîne souvent l'abus de ces facultés. Ils ont du reste la principale source du bonheur, la santé & la gaieté. Leurs esprits ne languissent point faute d'exercice. Toujours occupés, l'ennui de la vie ne les surprend point dans l'inaction. Ce dégoût universel & insupportable, qui naît ordinairement du repos des passions, lorsqu'on n'a rien à craindre ni à desirer, est inconnu parmi eux.

Mais parmi les hommes d'une fortune aisée, qui ont le loisir & les moyens de cultiver leur goût pour les beaux-arts, on en voit peu qui profitent de cet avantage pour rendre leur vie plus agréable. La nature a mis dans nos cœurs les semences du goût : c'est à nous de les faire éclore par une culture convenable, autrement elles ne porteront point de fruit. Nos Anglois donnent trop aux sciences profondes, & trop peu aux arts d'agrément. Ils ne savent point faire une union heureuse de la philosophie & des beaux-arts. Delà vient que chez nous la musique, la peinture, la sculpture, l'architecture restent entre les mains des artistes ignorans, gens sans lettres, sans philosophie, vraies machines aussi massives que leurs instrumens, & absolument incapables de goûter les chefs-d'œuvres des grands maîtres qu'ils ne connoissent même pas.

Les productions du génie brut & sans culture, ont quelque chose de grand & de sublime; mais elles manquent de poli. Elles ont une dureté que le goût seul peut leur faire perdre. C'est à la philosophie d'analyser & de fixer les principes des beaux-arts. Il ne s'ensuit pas qu'un philosophe doive être artiste. Son emploi est de diriger tellement le génie des artistes dans l'exécution, qu'il parvienne sous ses auspices à la plus grande perfection.

Ce n'est que depuis peu que l'on s'est avisé parmi nous d'analyser les principes de la beauté, & ceux de l'expression musicale. Nous en sommes entiérement redevables à deux artistes célebres, l'un dans la peinture, & l'autre dans la musique, qui joignant à leur talent un esprit vraiment philosophique, s'en sont servi adroitement pour la perfection de ces arts. Ils excelloient dans l'art, c'est pourquoi ils en ont si bien écrit. En lisant leurs ouvrages, on voit combien l'auteur doit à l'artiste. C'étoit pour eux un grand avantage, mais je ne le crois pas aussi essentiel qu'on se l'imagine. Mr. Webb n'étoit pas peintre : cependant il a expliqué les principes du goût par rapport à la peinture, avec une exactitude & une clarté qui eussent fait honneur au plus grand artiste. Il fait voir que, si nous nous laissons guider aveuglément par l'autorité des noms, nous n'aurons bientôt plus de confiance en nos sens, que nous reconnoîtrons du mérite où nous n'en verrons pas, & que nous dédaignerons les beautés que nous sentirons. Ce contraste embarrassant entre la prévention & le sentiment, nous fera trouver des difficultés décourageantes dans un art dont la connoissance est d'autant plus aisée qu'il parle directement & immédiatement à nos sens.

C'est aussi depuis fort peu de temps que la philosophie moderne laisse tomber ses regards sur la poésie & les autres productions littéraires, & que la critique commence à prendre le tact du philosophe pour juger des ouvrages du goût. Auparavant, l'empire de la littérature gémissoit sous la tyrannie de la mode & du caprice. La critique mettoit des entraves au génie, au lieu d'en éclairer & d'en assurer la marche. Le système des regles étoit substitué au goût & à la nature. Il n'est pas surprenant qu'alors les belles-lettres ne procurassent pas à l'esprit beaucoup de plaisirs.

De-même il est rare que la peinture fasse sur l'esprit cette impression agréable qu'elle doit naturellement y produire. La partie purement méchanique, celle qui concerne l'artiste, est assez bien exécutée. Le dessein en est bon; l'imitation est parfaite. Mais la piece manque d'intelligence & d'expression; ou bien le sujet en est mal choisi. S'il est frivole, il n'intéresse pas; s'il est bas, il dégoûte. Le peintre ne s'applique pas assez à nous présenter la nature dans ses formes les plus belles, les plus touchantes, les plus propres à captiver le cœur, & à l'émouvoir délicieusement. Au contraire, on nous la peint souvent dans l'état le plus hideux & le plus mauffade : on nous la repréfente décrépite, difforme, languiffante, ou ftupide. Les Allemands & les Flamands ont fouvent pris leurs fujets dans les conditions les plus baffes du peuple. Les Italiens ont pris les leurs dans la Religion. C'eſt-à-dire que les uns ont fait de la peinture une femme du peuple, & les autres une dévote. Ainſi l'efprit a été fruſtré en partie des agrémens qu'il devoit attendre de cet art élégant & admirable, l'heureux effet de l'imitation étant détruit par le mauvais choix des fujets.

L'influence de la mufique fur l'efprit eft peut-être plus grande que celle des autres arts d'agrément. Elle peut exciter les paffions & calmer les agitations les plus violentes de l'ame. Cependant les grands effets produits par la mufique font rares. C'eſt probablement parce que cet art sublime reste entre les mains des praticiens destitués de goût & sans principes philosophiques. Pour que la musique produise les grands effets dont elle est capable, il faut que le compositeur aussi-bien que celui qui exécute, connoissent bien le cœur humain, les différentes associations des passions, & les passages naturels de l'une à l'autre; sans cette connoissance, comment pourront-ils faire une juste application des principes de la musique.

Aucune science ne peut être perfectionnée, tant qu'elle reste entre les mains de ceux qui en font un moyen de subsistance. Ces gens-là n'ayant pas pour objet principal la perfection de leur art, elle est subordonnée à leur intérêt particulier. Les vues intéressées d'un commerce sont bien différentes des idées grandes & nobles du génie & de la science. Lors donc qu'un art se trouve renfermé dans la sphere des artistes, ceux-ci sont obligés de suivre les principes généraux de la routine. Si quelqu'un s'en écarte, il devient un objet de jalousie pour ses confreres qui cherchent à le déprimer, & dans le reste de la société, il ne trouve ni juges compétens, ni protecteurs de bonne volonté. Tel est en particulier le cas de l'art délectable dont nous parlons, qui n'est presqu'entendu que du petit nombre des musiciens de profession. Ils reglent le goût du public; ou plutôt ils lui dictent ce qu'il doit admirer, ce dont il doit être affecté. Le public imbécille suit en machine les impressions qu'ils lui donnent, de peur de passer pour manquer de connoissance & de goût dans cette partie. Cependant les hommes de génie, qui ont un tact que rien ne peut corrompre, sont privés d'un plaisir auquel ils avoient plus de droit que personne. Incapables de feindre un sentiment qu'ils n'ont pas, ils renoncent à la connoissance d'un art pour lequel ils ne se croient point de disposition. Car ils ont souvent la modestie d'attribuer leur insensibilité aux charmes de la musique, à un défaut d'oreille, ou de goût naturel pour le système harmonique, qui d'ailleurs leur semble si compliqué qu'ils ne pensent pas devoir prendre la peine de l'étudier. Avant que de renoncer à un des amusemens les plus innocens de la vie, pour ne rien dire de plus, il seroit à propos de s'assurer plus positivement qu'on est absolument incapable de le goûter. Qu'il me soit donc permis d'user à l'égard de cet art, de la liberté que j'ai prise sur d'autres objets, & de rechercher les premiers principes du goût musical.

La musique est la science des sons entant qu'ils affectent l'ame.

La nature, indépendamment de la coutume, a attaché certains sentimens à certains sons. La mesure ou proportion des sons a aussi sa raison dans la nature. Ainsi certains tons sont naturellement propres à exprimer des sujets lugubres & plaintifs, & le mouvement en est lent ; d'autres expriment la joie & l'allégresse, & le mouvement en est vif. Les sons affectent encore l'esprit selon qu'ils sont forts ou foibles, durs ou moëlleux, indépendamment de leur ton grave ou aigu. Les sons de la harpe sont charmans & flatteurs, quoiqu'ils ne varient point sous le rapport d'aigu & de grave, mais seulement sous celui de fort & de foible. Le tambour ordinaire excite & anime merveilleusement les esprits, quoique les notes en soient peu variées : son effet dépend presque tout entier de leur proportion & de leur mesure.

La mélodie consiste dans une succession agréable de simples sons. La mélodie, qui plaît dans un pays, n'est pas également agréable dans un autre, quoique réglée par-tout sur les mêmes principes généraux, car l'échelle ou la gamme est la même par-tout. L'harmonie est l'effet agréable qui résulte de plusieurs sons plus ou moins aigus qui se font entendre ensemble. Les principes généraux de l'harmonie sont également fixes.

Un objet de la musique est de causer du plaisir ; mais une fin plus noble & plus importante est de commander aux passions & d'émouvoir le cœur. Sous le premier aspect, la musique est un amusement innocent, propre à délasser l'esprit des fatigues de l'étude & de toute occupation sérieuse. Sous l'autre, c'est un des arts les plus utiles dans la vie.

Les peuples barbares ont toujours fait plus de cas de la musique, que les nations civilisées. Chez les premiers on la voit toujours intimement unie avec la poésie & la danse; & suivant le témoignage des auteurs anciens, la musique, dans le sens primitif de ce mot, comprenoit la mélodie, la danse & le chant. Presque tous les peuples barbares dans tous les siecles, & dans tous les pays s'en sont servi à exprimer les plus fortes émotions de l'ame. Ils l'employoient dans toutes les solemnités publiques. Falloit-il pleurer un malheur particulier ou une calamité publique, la perte d'un ami, ou la mort glorieuse des héros ? falloit-il célébrer un mariage, une alliance, une chasse, une victoire, les grandes actions des Dieux, ou les exploits des héros ? falloit-il donner du courage aux soldats, & les exciter à affronter la mort au milieu des combats ? la musique remplissoit toutes ces vues.

Dans les premiers temps de la Grece, les loix, la morale, & l'histoire étoient écrites en vers; le culte religieux étoit accompagné de danse & de chant; les sybilles rendoient leurs oracles en vers; les prêtres & les prêtresses des Dieux, chargés de déclarer leur volonté aux hommes, le faisoient en vers qu'ils chantoient. Tandis que la mélodie, conjointement avec la poésie, continua d'être comme le véhicule de tous les principes de la religion, de la morale & de la politique, elle fut un objet de l'attention la plus sérieuse du public : elle entra comme partie essentielle & principale dans l'éducation des enfans. Voilà pourquoi, chez les anciens Grecs, la science de la musique étoit regardée comme une qualité ou plutôt comme une vertu tellement néceffaire à l'homme bien né, qu'il étoit deshonnoré s'il ne la poffédoit pas. On reprocha férieufement à Thémiftocle fon ignorance dans cet art. Les crimes énormes commis dans une contrée de la Grece nommée Cynethe, furent attribués par les peuples voifins au mépris que l'on y faifoit de l'art de la mufique. Il n'eft pas étonnant que l'ignorance en ce point fût alors un fujet de reproche, puifque, comme je viens de le remarquer, la mufique renfermoit les trois grandes branches de l'éducation, favoir la politique, la morale & la religion.

Telle étoit l'influence prefque univerfelle de l'ancienne mufique lorfqu'elle faifoit partie de l'éducation. Elle renfermoit, comme on voit, des fciences bien plus utiles que le talent frivole de chanter une ariette, ou de tirer de de vains sons d'un instrument. Aristote parle de la musique comme d'un art différent de la poésie : ce qui a induit en erreur un grand nombre d'écrivains. C'est qu'au temps d'Aristote, on avoit déja séparé la mélodie du chant. La premiere retint le nom de musique, & le chant prit celui de poésie.

Dans l'antiquité la plus reculée, le caractere de barde étoit respectable & important ; il se trouvoit ordinairement associé à celui de législateur ou de premier magistrat. Lors même qu'il en fut séparé dans la suite, il continua de jouir pendant quelque temps du second rang dans la société politique ; un barde étoit un conseiller du magistrat qui le soulageoit dans l'administration des affaires publiques.

Tel fut le sort aussi glorieux qu'important de la musique, non-seulement dans les premiers États de la Grece, mais encore pendant le premier âge de toutes les nations civilisées dans quelque partie du monde que ce soit.

Chez les anciens, & en particulier dans la Grande-Bretagne, les bardes jouissoient d'un rang distingué & de la plus haute considération. Fingal & Ossian réunirent le triple caractere de général, de poëte & de musicien. Les bardes Welches, soufflant par-tout l'esprit de la liberté, & une ardeur vraiment martiale, par leurs chants mâles & puissans, retarderent long-temps les progrès des armes d'Edouard premier, jusqu'à ce que ce Prince les fit indignement massacrer, par une vengeance aussi basse que cruelle : massacre déplorable qui a donné lieu à une des odes les plus belles & les plus sublimes qui aient jamais été faites en aucune langue.

Lorsque les anciennes mœurs dégénérerent dans la Grece, en perdant leur pureté & leur simplicité, les arts qui jusqu'alors n'avoient servi que la vertu, furent prostitués au vice, ou à la frivolité. La corruption des mœurs avilit les arts; & les arts avilis furent les principaux instrumens de la destruction totale de la vertu & de la religion. Cependant la cause qui les détourna de leur destination primitive, contribua à leur progrès. Lorsque la musique, la danse & la poésie ne furent plus considérées que comme des arts d'agrément, le raffinement du luxe en exigea une plus grande perfection, & conséquemment il fallut s'y appliquer avec plus d'assiduité. C'est ce qui acheva de les séparer les uns des autres. Alors chacun d'eux devint l'occupation d'un homme entier qui en fit son métier. Les caracteres de législateur, de poëte, d'acteur & de musicien, autrefois réunis en un seul homme, firent autant de professions distinctes, & les usages auxquels la musique fut prostituée la rendirent indigne d'être cultivée par des gens distingués par leur sagesse ou leur rang.

Le Dr. Brown a traité amplement ce sujet dans le savant ouvrage où il fait voir avec beaucoup d'exactitude & de vérité, par une suite de faits incontestables, comment le progrès de la société civilisée amena chez différentes nations, la désunion de la mélodie, de la danse & de la poésie; & par quels moyens cette désunion fit perdre à la musique, son pouvoir, son utilité & sa dignité.

L'effet de l'éloquence dépend en grande partie de la musique. Je prends ici la musique dans l'acception la plus étendue du mot, pour l'art d'affecter diversement l'ame par le charme des sons. Dans ce sens, tous les hommes peuvent en juger plus ou moins, indépendamment de la justesse de l'oreille. Tout homme sent la différence qu'il y a entre une voix douce & mélodieuse, & une voix rauque & dissonante.

Un beau parleur a une voix musicale, indépendamment de la douceur de ses inflexions : elle s'éleve & s'abaisse par des intervalles qu'il est aussi aisé de noter qu'une chanson quelconque. En faisant de la prose il phrase de la musique. Cette voix, toute musicale qu'elle est, déplaît par l'uniformité des intervalles & fatigue l'oreille par le retour périodique des mêmes sons, quoiqu'agréables en eux-mêmes. Et si nous faisons attention au sujet d'un tel discours, nous sommes encore choqués d'entendre exprimer par les mêmes passages de musique des sentimens différens & quelquefois opposés, qui devroient avoir des expressions correspondantes. Voilà d'où vient le ridicule assomant de ce qu'on appelle chanter en déclamant, quoique ce ridicule procede réellement ou du vice des paroles ou de la monotonie du chant.

Si nous examinons attentivement les effets que l'éloquence a produits dans tous les âges, nous verrons qu'ils sont dus en grande partie au pouvoir des sons. Nous convenons que la composition, l'action, l'expression des gestes, & d'autres circonstances peuvent aussi y contribuer, mais plus foiblement. Mais la composition la plus pathétique peut être prononcée d'une maniere si maladroite, & avec un ton si discordant qu'elle perde entiérement son effet. Ces harangues qui ont immortalisé tant de grands orateurs, & décidé du sort des nations, lues dans le cabinet, paroissent quelquefois froides & languissantes, c'est qu'elles tiroient presque tout leur pouvoir de la magie des sons. Comme on a négligé l'art d'appliquer la voix aux grandes fins de l'éloquence, on a cru qu'il étoit au-dessus des regles, & on l'a livré entiérement au goût & au génie naturel. Il est vrai qu'il dépend en partie du génie, cependant la meilleure partie en peut être réduite en regles avec plus de succès qu'on ne l'imagine communément. Avant que la philosophie n'analyse & n'établisse les idées & les principes d'un art, l'acquisition en est difficile, & l'on ne doit pas s'en étonner. Il faut commencer par former le langage d'un art avant que de pouvoir le communiquer, & il faut encore beaucoup de temps pour faire comprendre & adopter ce langage. Nous en avons un exemple remarquable dans l'expression musicale ou l'art d'exécuter une piece de musique avec goût & convenance. On sait par expérience que la même musique exécutée par des artistes différens a des effets différens. Cependant ils jouent tous les mêmes notes, dans le même ton, & avec la même mesure. Il y a un je ne sais quoi qui rend l'exécution de l'un agréable & flatteuse, tandis que celle de l'autre est insipide & sans expression. On croit rendre une raison suffisante de cette différence, en disant que l'un met du goût dans sa maniere, que l'autre en manque, & que le goût est un don naturel. Geminiani, aussi grand musicien pour la composition que

dans

dans l'exécution, est, je crois, le premier qui se soit avisé de donner des regles pour jouer du violon avec goût. Pour cet effet, il s'est vu obligé d'ajouter beaucoup aux notes & au langage de la musique. Ses regles sont excellentes. Il a découvert un art précieux qui pourtant n'est connu que d'un très-petit nombre de musiciens ; & personne ne l'entend aussi bien que Mr. Avison.

La musique, comme l'éloquence, doit se proposer pour fin de produire tel effet particulier sur les auditeurs. Si elle le produit, c'est de la bonne musique : si elle ne le produit pas, c'est de la mauvaise musique. On ne peut pas dire absolument qu'une musique soit bonne ou mauvaise en elle-même : elle ne l'est que relativement. Chaque nation a sa mélodie particuliere, pour exprimer certaines passions. Un compositeur doit avoir égard à la mélodie propre de la nation pour qui il travaille, s'il veut l'affecter. En Ecosse, il y a une musique vive & brillante convenable aux danses joyeuses; & une autre musique tendrement plaintive qui exprime la douce & touchante mélancolie de l'amour. Ces deux musiques sont originales dans leur genre, & absolument différentes de celles qui expriment les mêmes situations chez les autres nations. Il importe peu d'où cette musique tire son origine, qu'elle soit simple ou compliquée, qu'elle s'accorde avec les regles d'une composition réguliere, ou qu'elle les viole; dès qu'elle produit son effet plus parfaitement que toute autre, elle est préférable à toute autre; & lorsqu'on sent cet effet, la mépriser ce seroit agir contre le sentiment, la raison & la justice.

Ceux qui s'appliquent avec assiduité à la musique, acquièrent de nouveaux goûts outre le goût national, car la mélodie & l'harmonie sont capables d'une grande variation. Ils découvrent de nouvelles sources de plaisirs, qui leur étoient auparavant inconnues. Mais le goût naturel le plus fin, n'en adopte jamais un nouveau, si ce n'est par une longue suite d'épreuves multipliées qui font de la coutume une seconde nature ; encore est-il rare que l'ame se fasse à ce goût étranger comme au goût national & qu'elle le sente aussi vivement & aussi fortement.

C'est une affectation tout-à-fait ridicule dans nos Anglois, d'exalter avec tant d'admiration la musique étrangere. Un opera italien produit le plus grand effet en Italie : les passions sont émues, le cœur & l'esprit sont dans un ravissement voluptueux. Le même opera fait à peine quelque sensation en Angleterre. Il n'y cause point de passion, d'abord parce que la langue dans laquelle il est écrit y est inconnue; ensuite parce que la musique n'y est guere mieux comprise. Une ariette produit sur l'oreille un plaisir momentané comme le son : mais cet effet est le moindre qu'on doive attendre de la musique. Le petit nombre de ceux qui entendent la langue, & qui sont en état de goûter la musique italienne, sont si choqués par l'exécution de la partie dramatique, qu'ils ne ressentent point ces transports passionnés, effet précieux de l'union de la musique & de la poésie, qui doit être amené granduellement par la progression adroite de la composition dramatique. Cependant la vanité prévaut tellement sur le sentiment du plaisir, qu'un opera italien est plus suivi en Angleterre par les gens de façon, que tout autre spectacle national ; ainsi de peur d'être accusés dè manquer de goût, ils se condamnent eux-mêmes à quelques heures d'un ennui pénible chaque semaine, & pour consumer le sacrifice qu'ils font à la vanité, ils parlent avec enthousiasme d'un ravissement que leur cœur n'a certainement pas ressenti.

La simplicité de la mélodie est très-nécessaire dans toute musique qui se propose de toucher le cœur & de flatter l'oreille. Cet effet ne doit pas être produit tout-à-coup, mais lentement & par degrés. Le sujet simple, tracé d'une maniere aisée & suivie, ne peut souffrir aucune note, aucun agrément qui ne se rapporte au but proposé. Si la simplicité de la mélodie est si nécessaire pour émouvoir les passions, celle de l'harmonie l'est encore davantage: les passages les plus pathétiques sont d'une telle délicatesse qu'ils ne souffrent pas même d'accompagnement.

Certainement l'ancienne musique produisoit des effets plus grands & plus généraux que la moderne, quoique peut-être il y ait de l'exagération dans les prodiges qu'on lui attribue. Cependant la science de la musique étoit moins parfaite alors qu'aujourd'hui. Les anciens ne connoissoient pas l'harmonie. Dans leurs concerts, toutes les voix & tous les instrumens étoient à l'unisson. Leurs instrumens étoient encore fort inférieurs aux nôtres pour l'expression, la variété & l'étendue. D'où vient donc que, malgré ces défauts, leur musique étoit plus expressive & plus puissante que la nôtre. C'est que l'art de toucher le cœur & d'émouvoir les passions, étoit plus cultivé & mieux connu des compositeurs qui en faisoient leur principal objet. La mélodie seule remplissoit leurs vues; & elle les remplissoit avec un succès d'autant plus complet, qu'elle pouvoit être comprise & sentie de tout le peuple. Ils n'avoient point, comme nous, deux sortes de musique, l'une pour les savans & l'autre pour le vulgaire.

Quoique nous ignorions la construction particuliere de l'ancienne musique, nous sommes sûrs néanmoins qu'elle étoit très-simple : elle devoit l'être pour que les hommes d'état, les guerriers & les bardes pussent composer malgré leurs autres occupations, & que le peuple de tous les rangs, enfans, hommes & femmes, distraits d'ailleurs par des affaires domestiques ou civiles, pussent apprendre cet art & le pratiquer. Nous ignorons de-même la structure particuliere de leurs instrumens : mais nous avons aussi lieu de croire qu'elle étoit aussi simple que leur musique. La lyre n'avoit dans son origine que quatre cordes. Le nombre en fut porté ensuite jusqu'à sept, & il fut fixé a ce point par les loix de Sparte. Timothée fut banni pour y avoir ajouté quatre nouvelles cordes. Nous ne savons pas à quels intervalles ces cordes étoient montées. Ceux qui ne considèrent que la perfection de la musique comme art, trouvent les loix de Sparte sur cet objet fort ridicules, mais ceux qui y voient un systême intimement lié avec celui de la religion, de la morale & de la politique, en ont une autre idée, & sentent la nécessité qu'il y avoit de conserver leur musique dans sa simplicité. Lorsque la lyre eut quarante cordes, & que la musique devint avec le temps un art extrêmement compliqué, & cultivé uniquement par des hommes qui y employoient tout leur temps, elle perdit sa force & manqua son effet. Du temps de

Plutarque, la musique n'étoit plus qu'un simple amusement de théâtre. Les mêmes causes ont influé de la même maniere sur la musique dans les temps modernes. A mesure qu'elle est devenue plus compliquée, plus savante, & d'une exécution plus difficile, sa puissance a dégénéré.

J'ai observé ci-dessus que le charme de la mélodie ancienne dépendoit beaucoup de son union avec la poésie : elle dépendoit encore de quelques autres circonstances. Les passions s'expriment naturellement elles-mêmes par différens sons ; mais cette expression naturelle est capable d'une très-grande étendue ; elle peut être aisément altérée par une habitude vicieuse contractée de bonne heure. Lorsqu'une suite de sons particuliers, ou une certaine mélodie frappe une ame encore tendre comme l'expression musicale de certaines passions énoncées dans une piece de poésie, cette association réguliere fait que ces sons deviennent avec le temps une espece de langage naturel & expressifs de ces passions. La mélodie doit donc être considérée jusqu'à un certain degré comme une chose relative, fondée sur les association d'idées & les habitudes particulieres de différentes personnes, & devenue par la coutume le langage des sentimens & des passions. Nous écoutons avec plaisir la musique à laquelle nous sommes accoutumés dès notre jeunesse, peut-être parce qu'elle nous rappelle les jours de notre innocence & de notre bonheur. Quelquefois nous sommes singuliérement affectés de certaines airs qui ne nous paroissent pas, ni à nous ni aux autres, avoir d'expression particuliere. La raison en est que nous avons entendu ces airs dans un temps où notre ame étoit assez profondément affectée de quelque passion, pour en donner l'empreinte à tout ce qui se présentoit à elle dans ce moment ; & quoique cette passion se soit entiérement évanouie, ainsi que le souvenir de sa cause, cependant la présence d'un son qui s'y trouva associé alors, en réveille souvent le sentiment, quoique l'esprit ne puisse pas s'en rappeller la cause primitive.

De semblables associations se forment par l'usage presque arbitraire que les différentes nations font des instrumens particuliers, tels que les cloches, le tambour, la trompette, l'orgue, qui en conséquence de cet usage excitent chez certains peuples des idées & des passions qu'ils n'excitent point chez d'autres. L'Anglois n'attache point une idée guerriere au son de la clarinette.

Nous avons tâché d'expliquer quelques-unes des caufes qui donnoient tant de force à l'ancienne mufique, & qui font encore que chaque peuple trouve tant de plaifir à la mélodie propre de fon pays. Ces raifons nous perfuadent que fi, par un heureux hafard, on retrouvoit quelques morceaux de cette ancienne mufique grecque qui avoit tant d'influence fur les ames, elle ne feroit point fur nous une pareille impreffion, comme quelques grands admirateurs de l'antiquité fe l'imaginent. La mufique inftumentale, fans danfe & fans paroles, n'a été en vogue que dans le dernier âge de l'antiquité, lorfque les trois arts de la mufique, de la danfe & de la poéfie firent une efpece de divorce entr'eux. Platon appelle la mufique inftrumentale, une chofe abfurde & un étrange abus de la mélodie.

Une autre cause contribua encore probablement à rendre l'ancienne musique plus expressive & plus puissante. Dans la premiere enfance des sociétés, les passions & les sentimens des hommes étoient forts, parce qu'ils éclatoient sans contrainte & sans dissimulation. L'imagination vive & bouillante ne souffroit point de frein. C'étoit une disposition, un enthousiasme favorable à la poésie & à la musique. Parmi de tels hommes les effusions du génie sont marquées au coin du sublime, du pathétique & du simple, mais l'élégance du style & la régularité de l'élocution ne s'y trouvent point. Il faut remarquer que ces dernieres qualités sont plus essentielles à quelques-uns des autres beaux-arts qu'à cette espece de musique dont le propre est d'exciter les passions, car trop d'ornemens nuiroient à ce dessein : ils empêcheroient l'effet proposé, au lieu de l'assurer. La tranquillité de la vie champêtre & la variété des images dont elle remplit l'imagination, ont une heureuse influence sur le génie comme sur les dispositions du cœur. La campagne & sur-tout celle qui est habitée par des bergers heureux, est la retraite la plus convenable à la poésie & à la musique.

L'introduction de l'harmonie dans la musique en fit comme au nouvel art. Elle promettoit de lui donner une variété à laquelle la mélodie seule ne pouvoit atteindre, & d'ajouter un nouveau charme à celui qu'elle avoit déja. Malheureusement les premiers compositeurs qui s'exercerent dans ce nouveau genre, s'appliquerent tellement à l'étude de l'harmonie, science très-compliquée & d'une étendue extrême, qu'ils perdirent de vue l'objet principal qu'ils devoient se proposer. Mesurant l'excellence de la musique par le mérite de la difficulté vaincue, ils se crurent de grands musiciens parce qu'à force de travail ils avoient accordé un grand nombre de parties très-difficiles. Dans le fait, l'art du contrepoint & de l'harmonie compliquée, inventé dans l'onzieme siecle par le Guide, fut porté à sa perfection par Palestrini qui vivoit sous le pontificat de Léon X. Mais cette espece de musique n'étoit entendue que du petit nombre d'adeptes qui en avoient fait une étude particuliere. Tout autre la regardoit comme un jargon ridicule & confus de sons variés à l'infini, vuides de sens & d'expression. Le peu de gens qui l'entendoient, y reconnoissoient un manque évident de mélodie, sur-tout dans les parties composées de fugues exactes, ou de canons qui sont presque entiérement incompatibles avec la mélodie. Outre ce défaut réel d'air dans ce genre de compositions, il exigeoit un attention pénible à tracer alternativement le sujet de la musique dans les différentes parties, attention propre à refroidir le génie, & tout-à-fait contraire à ce qui flatte l'oreille & encore plus à ce qui émeut les passions, car pour que l'ame soit délicieusement émue, elle doit être absolument libre, ne pas même s'appercevoir de la difficulté de l'invention, ni de l'habileté de l'exécution, mais s'ouvrir naturellement à l'impression du plaisir ou de la passion.

L'art des fugues dans la musique vocale, n'est rien moins que propre à affecter les passions. Si de quatre voix chacune exprime à la fois un sentiment différent d'une maniere différente, comment l'oreille recevra-t-elle à la fois toutes ces impressions, & comment l'ame l'ame pourra-t-elle être affectée en même-temps de tous ces sentimens? Il ne faut ni goût, ni génie pour exceller dans ce style : l'étude suffit. Mais il faut du goût & du génie pour donner de l'esprit & du sens à l'air, ou sujet principal : autrement on ne feroit que de la musique froide & sans expression. Certaines chansons à plusieurs parties sont des especes de fugues très-propres à exciter la joie & la gaieté ; mais le plaisir qu'elles produisent ne vient ni de leur mélodie, ni même de leur expression particuliere. Il résulte de l'assemblage singulier & inattendu des paroles des diverses parties, & sur-tout de la belle humeur & de l'enjouement avec lesquels on les chante.

Outre les inconvéniens de toute musique compliquée, considérée par rapport à sa composition, il y en a d'autres qui naissent de la grande difficulté de son exécution.

Il n'eſt pas aiſé de faire accorder enſemble & conſtamment un grand nombre d'inſtrumens différens. Les inſtrumens à cordes foibliſſent néceſſairement, & deſcendent de ton : le contraire arrive aux inſtrumens à vent : pour peu que la muſique dure, leur ton s'éleve naturellement. Il ne ſuffit pas que tous les muſiciens s'accordent dans le ton & la meſure : ils doivent de plus entendre tous le ſtyle de la compoſition, & en prendre l'eſprit, afin de répondre convenablement aux fugues. Chacun doit connoître aſſez parfaitement le ſujet, pour ſavoir le continuer avec toute l'expreſſion dont il eſt ſuſceptible, lorſque ſon tour vient d'exécuter la partie principale ; & lorſqu'il n'exécute qu'une partie ſubalterne, il doit ſavoir conduire tellement ſon accompagnement qu'il ajoute à l'expreſſion de la partie principale. L'accompagnement de la partie chantante, sur la basse, est celui qui exige le plus de goût & d'intelligence. Si le musicien qui accompagne n'a pas la plus grande attention à soutenir & renforcer l'expression propre de la musique vocale, il la détruit : ce qui arrive souvent en touchant à pleines cordes lorsqu'il ne faut exprimer qu'une simple note, ou lorsque l'accompagnement doit cesser.

Il y a des difficultés que peu de praticiens sentent, & que presque personne n'est en état de vaincre. La plûpart s'imaginent qu'ils ont pleinement rempli leur fonction, s'ils ont joué avec la plus grande justesse de ton & de mesure. Souvent la vanité les porte à élever tellement leur voix ou leur instrument, qu'ils se fassent entendre au-dessus de tous les autres, sans se soucier si cet éclat est conforme ou contraire au dessein du compositeur.

La mode est venue depuis quelques années de n'avoir égard qu'à l'air dans les compositions musicales. L'harmonie réguliere & pleine a été négligée, comme froide & peu spirituelle. Ce changement a été introduit par des compositeurs qui malheureusement excelloient dans l'exécution. En travaillant suivant l'ancien style, ils n'avoient point occasion de faire briller l'adresse de leur exécution : ils se sont crus obligés, pour en donner des preuves, de faire des écarts extravagans & multipliés qui sont absolument destructifs de toute harmonie. Nous avons des solos de la composition de ces maîtres, uniquement destinés à montrer l'habileté de leur main; ou des concertos dans lesquels les parties subalternes sont si maigres & si mesquines qu'on doit les mettre au nombre des solos. Il n'est pas aisé de caractériser le style de ces sortes de pieces. On peut dire en général qu'elles n'ont ni caractere, ni intelligence. L'auteur n'a point choisi de sujet, ou s'il en a eu un, il l'a perdu de vue, n'ayant d'autre but que d'exciter la surprise & l'admiration par des passages savans & difficiles, c'est-à-dire, par un assortiment extraordinaire de sons singuliérement combinés qui n'ont pas la moindre tendance à charmer l'oreille ni à toucher le cœur. Ces pieces néanmoins ont quelques passages qui plaisent à l'oreille, lorsqu'ils sont supérieurement exécutés, mais tout le reste est insupportable. Ces compositions n'ont point le mérite de la pleine harmonie : elles manquent aussi de cette simplicité, de cet esprit, de ce charme qui caractérisent la mélodie.

Aujourd'hui nos Anglois font

beaucoup de cas d'un nouveau style venu derniérement d'Allemagne où il est fort en vogue. Corelli n'est ni assez spirituel ni assez varié pour eux. Il est vrai qu'il n'y a point de comparaison à faire entre le nouveau style germanique & celui de Corelli. Le mérite de Corelli consiste dans la pureté de sa composition, dans la richesse & la douceur de l'harmonie. L'autre plaît par une abondance de sons, spirituelle à quelques égards, qui met beaucoup de variété dans un concert, mais qui a trop peu d'élégance naïve & d'expression musicale, pour être long-temps du goût du public. Le musicien qui a le premier introduit cette espece de musique dans notre Isle, nous a séduits par son exécution tout-à-fait ingénieuse & brillante. D'ailleurs nous ne connoissions rien de mieux, rien même qui en approchâtr. Il faut dire aussi à sa louange, que la délicatesse qu'il sait mettre dans les airs d'un mouvement lent, tendre & affectueux, décele un génie capable du plus grand style de la musique.

Quoique la musique, considérée comme moyen de flatter l'oreille & d'émouvoir les passions de la multitude, doive avoir la plus grande simplicité ; cependant si on la considere comme un art capable de causer un plaisir constant & varié au petit nombre de praticiens d'un goût plus fort que celui des autres hommes qui en font leur occupation & leur unique profession, sous ce point de vue elle devient un système de sons variés & compliqués jusqu'à un certain degré. Cette espece de composition faite avec intelligence peut non-seulement rendre l'oreille plus délicate, mais encore perfectionner le goût de la musique.

L'oreille accoutumée à une variété de mélodies, apprend à en goûter d'autres que la nationale. Il peut arriver que la mélodie nationale soit bornée à exprimer un petit nombre d'affections. Un goût cultivé & étendu adopte aisément un plus grand nombre d'expressions soit pour ces affections soit pour d'autres, & apprend à tirer du riche fonds de l'harmonie une musique expressive inconnue à toute autre nation.

L'oreille d'un praticien s'ennuie à la longue de la simplicité de la mélodie. Dès qu'il entend commencer un air qui lui est familier, son esprit se le rappelle d'abord tout entier, & cette anticipation lui ôte le goût de la jouissance. Il a donc besoin du secours de l'harmonie, de cette harmonie intelligente qui, sans forcer la mélodie, donne de la variété

variété à la musique, & quelquefois même de l'expression à la mélodie. La pratique rend le musicien capable de saisir le sujet d'un concerto compliqué, & de le suivre dans la progression & l'ensemble des différentes parties, où une oreille ordinaire n'entendroit qu'un assemblage de sons confus auxquels elle ne trouveroit aucun sens. Indépendamment du plaisir qu'une telle musique cause à l'oreille du praticien, il en goûte un autre qui résulte de la perception qu'il a du génie du compositeur qu'il admire. Ce plaisir, il est vrai, n'est point un sentiment du cœur de l'espece de ceux que la simple musique produit; il est d'un genre plus sobre & plus tranquille, ce qui fait qu'il dure davantage.

On doit ménager la sensibilité du cœur & des passions : il est aisé de fatiguer l'ame par des agitations violentes & souvent répétées. Il ne faut donc pas prodiguer les grands effets de la musique, mais plutôt les distribuer avec discrétion. On doit rarement répéter les sons les plus forts ou les plus doux : la satiété & le dégoût seroient infailliblement l'effet d'une telle répétition. Ceux qui connoissent le cœur humain, savent que cette observation ne regarde pas seulement la musique.

Enfin, le vrai génie de la musique consiste à découvrir la mélodie propre à produire l'effet proposé. Le goût musical consiste à savoir employer cette mélodie avec intelligence, pour lui faire produire son effet plein & entier.

Le jugement en fait de musique, c'est de donner à la mélodie l'accompagnement harmonique qui lui est propre, c'est-à-dire, celui qui y met de la variété sans en détruire la simplicité, & qui par le concours de sons subordonnés à l'air, en augmente l'effet : il se montre aussi dans la préparation & la résolution des dissonnances, & dans l'art des transitions.

Le grand point de celui qui exécute, c'est de bien entrer dans l'esprit du compositeur, de saisir son dessein pour l'exécuter de la maniere la plus spirituelle, la plus pathétique, & surtout la plus vraie ; en un mot de le rendre à l'oreille de l'auditeur tel qu'il est dans la tête du maître. Voilà en quoi il montre son goût. Tout le reste est un défaut, & le pire de tous est la vanité impardonnable qui porte à faire briller l'adresse de son exécution.

Il peut arriver que toutes ces qualités de la composition & de l'exécution se trouvent réunies pour former le mérite d'une piece de musique, & que cependant elle manque son but principal qui est d'affecter les passions. C'est que le compositeur n'aura point assez donné au sentiment & au pathétique.

La musique tire un grand secours de la poésie. De-là vient la grande supériorité de la musique vocale sur la musique instrumentale. La voix est au-dessus de tout instrument pour la justesse des sons & la délicatesse de l'expression musicale ; aussi un instrument est plus ou moins parfait, selon qu'il approche plus ou moins de la voix. Cependant la musique vocale se trouve modifiée & bornée par l'espece du langage qu'elle emploie. L'harmonie & la douceur des langues grecque & italienne leur donnent beaucoup d'avantage à cet égard sur les langues angloise & françoise qui sont dures, pleines de consonnes, & peu propres à la musique, ce qui entre autres inconvéniens occasionne un sacrifice continuel de la prosodie ou de la quantité à la modulation. C'est-là une des principales causes qui rendent la musique françoise vuide & monotone, défauts que les musiciens tâchent de couvrir par un remplissage d'accompagnemens pénibles & compliqués.

La musique vocale étant la premiere & la plus naturelle dans chaque pays, elle doit avoir une analogie marquée avec la poésie nationale à laquelle elle est appropriée. Ce principe rend raison de la grande supériorité des chansons écossoises sur les angloises. Celles-là sont simples, tendres, pleines de sentiment & de naturel ; telle est aussi la musique des écossois. Les chansons angloises sont pleines de pointes puériles & de concetti.

Elles ne laiſſent pas d'être quelquefois ingénieuſes ; mais la muſique n'a point d'expreſſion pour l'eſprit ; auſſi l'air de ces chanſons eſt fade & inſipide. Les compoſiteurs anglois y trouvent eux-mêmes ſi peu de goût, qu'ils changent ſans ceſſe de ſtyle, de ſorte que l'on peut aſſurer que notre muſique n'a point de caractere, ou même que nous n'avons point du tout de muſique propre.

D'un autre côté, l'Angleterre a produit pluſieurs bons compoſiteurs de muſique d'égliſe. Et quoique la fureur du contrepoint les ait ſouvent égarés de la route véritable, ils ont, à d'autres égards, montré du génie & du goût. La religion ouvre une vaſte carriere au génie de la muſique, comme à celui de la poéſie. Elle lui offre des ſujets de tous les genres, ſublime, enjoué, délicat, paisible, dévot, plaintif & lugubre. La religion enflamme le génie d'un enthousiasme nécessaire pour produire de grandes choses. Aussi les meilleurs compositions musicales que nous ayons, sont du style sacré. Handel, dans un âge où sa constitution & ses esprits sembloient presque épuisés, ranima ses forces, & plein d'un feu sacré il donna, dans son *Messie*, des preuves d'un génie vaste & sublime, se montrant supérieur à ce qu'il avoit été dans le plus beau période de sa vie. Un autre exemple est celui de Marcello, noble Vénitien, qui a mis les cinquante premiers pseaumes en musique : compositions admirables qui unissent la simplicité & le pathétique de l'ancienne musique aux graces & à la variété de la musique moderne. Par condescendance pour le goût de son siecle, il s'est quelquefois écarté de cette simplicité de style dont il admiroit & goûtoit si bien le charme ravissant ; mais il sut y substituer une riche variété de symphonies expressives & inconnues avant lui.

Le grand objet de la musique vocale est d'exprimer le sentiment. Les chansons à plusieurs couplets prouvent le peu de cas que l'on fait de ce grand objet. Des sentimens quelquefois fort dissemblables sont chantés sur le même air : comme si chaque passion, chaque affection ne devoit pas avoir une expression propre en musique. Une musique qui auroit un caractere général, seroit à coup sûr une mauvaise musique qui pécheroit contre la nature, le goût & le sens-commun. Il doit y avoir un style particulier pour chaque sentiment & chaque passion.

Le défaut le plus commun dans lequel tombent les compositeurs qui cherchent l'expression, c'est de se tromper dans l'imitation.

La musique, considérée comme art imitatif, ne peut peindre que des sons & des mouvemens, & encore ne peut rendre le mouvement que d'une maniere très-imparfaite. Un compositeur maladroit pourroit exprimer en musique un sentiment quelconque, sans aucun égard aux paroles ou au signe verbal de ce sentiment : c'est ce qui nous arrive assez communément : & cela fait, comme on le conçoit bien, une antithese admirable entre le chant & les paroles. L'imitation doit être l'objet de l'accompagnement des instrumens dont la variété & l'étendue sont plus propres à rendre l'imitation complete : l'emploi de la voix est d'exprimer le sentiment. Lorsque la voix est chargée de l'imitation, elle est obligée de rendre des sons forcés & peu naturels, qui nuisent à l'articulation distincte des mots, articulation si essentielle pour en conserver & en faire comprendre le sens. Handel excelle quelquefois en ce point: d'autres fois il l'a négligé, soit par inégalité de génie, soit plutôt faute d'attention. Dans la belle ariette intitulée *Il penseroso*, qui commence par ces mots

„ Oft on a plat of rising ground,
„ I hear the far off curfew sound, *&c.*

la symphonie imite avec beaucoup d'art & de vérité le son de la cloche, & la partie vocale exprime avec un succès égal cette douce & paisible mélancolie que l'emphase des paroles rend aussi merveilleusement. Cet habile musicien montre la même adresse dans cet air célebre d'*Acis & Galatée*,

„ Hush ye ltitle warbling quire " *&c.*

L'accompagnement imite parfaitement le ramage des oiseaux, &

le chant rend au naturel la simplicité & la tendre langueur du sujet. D'un autre côté, dans cet ait de *Semélé*

„ The morning lark to mine accords his note,
„ And tune to my diftreff his warbling
„ throat, *&c.*

pour exprimer le mot *warbling* qui signifie *ramage*, la voix traîne un long & pénible gazouillement qui ne donne pourtant qu'une très-foible imitation du chant de l'alouette, que les violons & la symphonie auroient pu rendre avec autant d'exactitude que de délicatesse.

Dans l'union de la musique & de la poésie, celle-là doit être subordonnée à l'autre. C'est le contraire dans la pratique ordinaire : la poésie se trouve presque toujours subordonnée à la musique. Handel faisoit faire des paroles pour ses oratorio, mais il obligeoit les poëtes à changer & transposer les mots, selon que sa musique l'exigeoit. Comme le génie ne s'accommode point de cette servitude, Handel étoit forcé de se contenter de la poésie misérable que lui faisoient à prix d'argent des gens qui condescendoient à tous les changemens qu'il desiroit.

Un exemple bien choquant du peu d'égard que les compositeurs ont pour la poésie, & pour l'impression qu'elle doit laisser dans l'esprit, suivant le sujet qu'elle traite, est cette répétition maladroite de la premiere partie d'une piece de musique après la seconde. Ces *da capo* sont quelquefois d'une absurdité révoltante. Souvent la reprise de l'air est l'expression d'une passion contraire à celle qu'exprime la premiere partie ; ce sera par exemple la tendresse qui succede au dépit. Sûrement l'impression de tendresse est celle qui doit terminer la piece. Cependant le compositeur est assez dépourvu de jugement pour faire reprendre la premiere partie après la seconde, & de finir la piece par où elle a commencé. Ce qui fait un bouleversement de sentimens dont la raison & la nature sont choquées; & la musique, quoique bonne & expressive, manque son effet en troublant l'ordre des passions.

On pourroit alléguer d'autres exemples du peu d'attention des musiciens à l'objet principal de leur art, qui est d'affecter le cœur & les passions. Que signifie cette longue & brillante cadence qui termine presque toujours un air & quelquefois même chaque partie d'un air ? On laisse au chanteur la liberté de montrer toute l'étendue de son gosier, & quelqu'écart ridicule qu'il fasse, tout est bien pourvu qu'il finisse dans la clé propre. En conséquence il déploie tout le volume de sa voix par un rossignolage aussi fantastique qu'extravagant, & s'imagine avoir fait des merveilles. Qu'arrive-t-il ? C'est que cette cadence admirable pour les oreilles du peuple, est dégoûtante pour les connoisseurs ; & que le dégoût & l'admiration éteignent la passion en troublant son cours. Ainsi la musique manque encore son effet par la maladresse de celui qui l'exécute ; & ce raffinement de cadence gâte tout.

Nos oratorio ont deux grands inconvéniens, le premier de n'être point en action ou en scenes, le second de manquer d'unité de dessein. Ce ne sont guere qu'un assemblage de quelques airs, ou chansons qui n'ont pas une connexion nécessaire. Cependant l'effet d'une représentation dramatique ne dépend pas de l'effet des passages particuliers considérés en eux-mêmes, mais du tout-ensemble, de la conduite ou construction des différentes parties qui fait qu'elles se prêtent une force mutuelle, & qu'elles exaltent par degrés les sentimens & les passions, concourant ainsi à l'effet total & unique que l'Auteur s'étoit proposé.

Les effets de la musique dépendent de plusieurs autres circonstances, que de son union avec la poésie. L'effet, par exemple, de la musique d'église, dépend beaucoup de son rapport avec la solemnité du jour, le sermon du prédicateur, & de telle autre partie du service divin propre de la fête. L'arrangement de toutes ces choses demande du goût & du jugement. Cependant on n'y prend pas garde. La conduite de la musique est entiérement livrée au caprise de l'organiste qui, sans égard pour aucune de ces considérations, donne du grave ou du vif, du triste ou de l'enjoué, selon sa fantaisie, dégradant même quelquefois la majesté du culte divin par des airs de vaudeville & de guinguette.

On voit encore un autre défaut dans la musique des intermedes qui se jouent entre les actes d'une tragédie. Souvent cette musique est tout-à-fait opposée au genre tragique, & dès-lors elle en doit empêcher l'effet.

Il devroit toujours y avoir un juste accord entre le caractere particulier de l'acteur & le rôle qu'il joue, pour que le personnage fît son effet. Rien ne choque davantage que d'entendre, dans un oratorio, un castrate italien frédonner les menaces terribles de la vengeance divine, ou la trompette aiguë rendre par des sons gais les gémissemens plaintifs d'un cœur contrit & humilié.

milié. Il y a dans un tel jeu un contraste desagréable entre la chose exprimée & l'instrument qui l'exprime.

Ces observations regardent principalement le goût du public anglois pour la musique, si pourtant on peut dire que le public ait un goût. En Italie, les Pergolese, les Astorgo, les Caldara, & quelques autres grands maîtres ont cultivé la pureté, l'élégance, la simplicité & le pathétique du style ; il faut espérer que leur influence se répandra sur les autres nations de l'Europe.

Je m'arrête à cet essai de critique, que je ne pourrois poursuivre sans entrer dans la partie technique de la musique, ce que j'ai eu grand soin d'éviter. Mon dessein a été de faire voir que les principes du goût en musique comme dans les autres arts, ont leur fondement dans la nature & le sens-commun ; que ces principes ont été violés indiscrétement par des artistes mal organisés auxquels on a confié la direction de cet art sublime & ravissant ; que les hommes de bon sens & de génie ne doivent pas s'imaginer qu'ils manquent d'oreille & de goût, parce que la musique moderne ne fait aucune sensation agréable sur eux. C'est une preuve qu'ils ont l'oreille & le goût meilleurs que cette musique.

Concluons : il ne faut pas se flatter que, ni la musique, ni aucun des beaux-arts contribuent jamais à l'avantage & à l'agrément de la vie, jusqu'à ce qu'on ne rétablisse l'union naturelle qu'il y eut autrefois entre eux & la philosophie. Mais dès que la philosophie, après avoir donné au monde des généraux accomplis & des hommes-d'état dignes de ce nom, présidera encore aux productions de l'éloquence, de la poésie, de la musique & de tous les beaux-arts, alors ceux-ci acquerront tout le lustre & toute la perfection dont ils sont capables.

* *
*

SECTION IV.

J'AI déja observé que les plaisirs qui résultent des productions du goût & de l'imagination, ne sont que pour un petit nombre d'ames privilégiées. Ce n'est pas que les principes du bon goût ne soient dans la nature humaine; mais sans culture, ils ne deviendront jamais une source considérable de plaisir. Après avoir analysé les effets que produit réellement le goût cultivé de quelques arts d'agrément, voyons son influence sur le plaisir que causent les ouvrages du génie, sur-tout ceux qui parlent à l'imagination & au cœur. Ce plaisir, dans le premier âge de la vie, est extrêmement vif. La jeunesse a un grand avantage en ce point. L'imagination est forte & bouillante, le cœur est chaud & sensible, également ouvert aux transports de la joie la plus vive, aux impressions fortes du sublime, & aux douces émotions du sentiment. C'est un spectacle désolant de voir se tarir par degrés cette source pure de plaisirs naturels & innocens. Il est vrai que la nature a assigné différens plaisirs aux différens âges de la vie; mais il n'est pas raisonnable de supposer qu'elle ait sévré aucun âge de l'espece de plaisirs dont nous parlons.

Nous nous plaignions dans l'instant que certaines sciences utiles ainsi que la plupart des beaux-arts étoient livrés au caprice des artistes sans savoir & sans philosophie. Il est à croire aussi que l'application mal-entendue du savoir & de la philosophie aux ouvrages du goût & de l'imagination, en a affoibli la force & l'influence. Cette considération est intéressante & mérite de nous occuper quelques momens.

L'imagination, comme tout ce qu'il y a dans la nature, est sujette à des loix générales & fixes que l'expérience seule peut découvrir. Établir ces loix avec précision, c'est une tâche aussi pénible que délicate. L'imagination est quelque chose de si changeant & si sujet aux variations du climat, de la constitution, de l'âge, & même des situations accidentelles de la vie, qu'il faut avoir la plus parfaite connoissance de la nature humaine, pour en réduire les loix en système. L'homme qui tentera cette entreprise, doit posséder une délicatesse exquise de sentiment, & la plus grande vivacité d'imagination, ou il ne réussira pas. Quelques grands hommes de l'antiquité formerent un tel système de regles pour la poésie dramatique & la poésie épique; & depuis il a été universellement adopté. Cet effort de génie a répandu beaucoup de lumieres sur quelques-uns des grands principes de la critique. On a établi des regles fondées sur l'expérience du plaisir universel produit par telles beautés particulieres. Mais sans vouloir rabaisser le mérite des anciens critiques, je dois observer que rien ne retarde davantage le progrès d'un art ou d'une science, que d'en réduire trop tôt les principes en système. Le peuple est incapable de penser, & de juger par lui-même d'aucune chose. Il y a un petit nombre de génies que le reste des hommes doit suivre. C'est ce qui fait recevoir universellement les systêmes. Ces penseurs en titre n'apprennent point au vulgaire à penser ni à sentir; ils lui apprennent seulement à dire qu'il sent, & c'est assez pour la vanité, cette passion universelle qui gouverne tous les hommes.

Telle est l'idée que l'on doit se

faire des systêmes ou des regles de la critique. Lorsqu'on ne les regarde que comme des secours propres à aider le goût dans ses opérations, ou comme des ouvertures qui peuvent conduire au vrai beau, ou de simples résultats de sentimens, alors ils contribuent à l'avancement des beaux-arts. Mais si on veut en faire des loix fixes & inviolables de goût dont on ne puisse s'écarter sans crime ; alors on met le génie sous le joug de l'autorité : on rétrécit la sphere du beau, & l'on trace une ligne que l'imagination ne doit point franchir. Alors les regles font plus de mal que de bien. Le goût est de toutes les facultés de l'ame celle qui souffre le plus impatiemment la contrainte, & à qui la gêne convient le moins. On peut bien établir quelques principes généraux, mais s'imaginer que l'on y asservira des sentimens aussi délicats que

que ceux de l'imagination & du cœur, c'est un abus. La critique d'ailleurs doit se conformer aux temps & aux lieux.

Il y a des hommes, il y a des peuples auxquels les formes les plus belles & les plus régulieres de la nature plaisent davantage : il y en a d'autres qui préferent le grand, le merveilleux, l'extraordinaire. En France, l'élégance, la régularité, le sentiment tiennent le premier rang : la critique leur rapporte tout. Cette regle de goût seroit déplacée en Angleterre où le génie naturel est très-différent. On n'y aime que le grand, le sublime, le surprenant, en un mot, tout ce qui affecte fortement l'imagination. Par-tout où ces traits de force manquent l'élégance & la décence deviennent insipides au goût de l'Anglois : il ne les souffre que sous l'empreinte du sublime.

De plus, lorsque le goût public

est si épuré & si correct, le génie languit, & sa force se rallentit. Il n'ose se livrer à tout son essor. Sa trop grande attention à ne pas choquer le goût délicat de quelques connoisseurs, fait qu'il ne plaît à personne.

L'extrême délicatesse du goût est une qualité dangereuse & trompeuse. Elle flatte l'amour-propre de celui qui la possede, par le sentiment qu'elle lui inspire de sa supériorité sur le reste des hommes, & par la spécieuse promesse qu'elle lui fait de lui procurer des plaisirs inconnus au vulgaire. Souvent elle nous rend insensibles aux plaisirs ordinaires, communs à toute l'espece, & dont la nature veut que nous jouissions tous. Les gens d'un goût si fin sont sans cesse tourmentés comme par un mauvais génie qui donne les noms de vil, d'irrégulier, de vulgaire, à presque tous les plaisirs naturels de la vie,

& ces noms en empoisonnent pour eux la jouissance.

Il n'y a dans l'homme aucun sens extérieur ou intérieur qu'un trop grand degré de raffinement ne puisse rendre si difficile qu'il ne trouve que du dégoût dans les objets faits naturellement pour produire une impression agréable sur un sens moins délicat. Cette extrême sensibilité est assez ordinairement dans son principe un effet de la vanité, une affectation précieuse : cependant la continuelle application aux moindres circonstances propres à l'exalter, fait qu'elle prend toute la consistance & la réalité d'un goût naturel. La nature a mis des bornes à tous nos plaisirs. Tandis que nous nous renfermons dans ces bornes, la jouissance est parfaite. Trop de raffinement nous ôte le goût de la nature, & ne nous donne en échange que le dépit & l'illusion.

Lorsque cette fausse délicatesse, ou, ce qui a le même effet, lorsque l'affectation devient générale, ce goût recherché corrompt toutes les productions du génie & de l'imagination, énerve la force du langage, produit la médiocrité, rend les compositions froides & insipides, & s'il ne produit pas un grand dégoût, il est aussi incapable de causer un grand plaisir. La critique a ce mauvais effet entre des mains subalternes ; surtout lorsque des hommes, qui n'ont qu'une érudition & une philosophie seche & abstraite, veulent présider au temple du goût, & donner des loix à l'imagination. Des esprits de cette trempe n'ont ni la sensibilité de cœur ni la finesse de tact requises pour goûter les ouvrages de cette espece. Ils sont toujours prêts à méprifer & condamner des beautés qu'ils n'ont, ni le droit de juger, ni la faculté de sentir,

La pénétration du jugement n'eſt pas la ſeule qualité néceſſaire pour former un critique parfait. Le cœur y contribue autant que la tête. En général, la principale affaire d'un critique vraiment philoſophe, eſt d'obſerver de loin les écarts de l'imagination, & d'en modérer la fougue lorſqu'elle donne dans des excès réellement condamnables, plutôt que de la harceler ſans ceſſe pour les moindres petites irrégularités. La gêne eſt ordinairement plus fatale au génie qu'un peu de licence.

Les beautés & les défauts des ouvrages de goût ont des degrés différens. Le plus grand de tous les défauts eſt celui de n'avoir point de ces beautés frappantes qui caractériſent chaque genre. Ainſi dans la poéſie dramatique, une partie du drame peut être conforme aux loix de l'unité & de la vérité, tandis qu'une autre leur est contraire. Les François, par leur extrême attention à l'unité de la fable, à son économie générale, & à la conduite des scenes, ont sur les Anglois le mérite de la correction. C'est une gloire qui leur est due. On ne trouve point de fautes choquantes dans leurs bons Auteurs dramatiques. Il faut convenir encore qu'à cette régularité dans la conduite du drame ils joignent le mérite d'une belle poésie & d'une tendre délicatesse de sentimens, que rien n'égale. D'un autre côté, ils sont inférieurs aux Anglois. Leurs meilleures pieces manquent quelquefois de force dans des situations essentielles : souvent même elles ont des scenes entieres qui languissent. Le discours traîne : les monologues sont quelquefois des déclamations : ou bien les sentimens sont trop recherchés, les caracteres affoiblis par un vernis françois dont on décore mal-à-propos les héros d'Athenes & de Rome. Le théâtre Anglois a moins d'élégance & de régularité, mais il a plus de feu, plus de vigueur, plus de force : les passions y parlent plus leur langage naturel : les caracteres y sont marqués par des traits peut-être plus durs, mais aussi plus mâles & plus vigoureux. L'imagination créatrice de Shakespear le mit au-dessus des regles de l'unité de temps & de lieu : mais il sut racheter ces défauts par la force & la vérité de ses caracteres, & par l'éloquence naturelle des passions qu'il mit en jeu. Mais un reproche dont on ne pourra jamais le laver, c'est d'avoir troublé le cours des passions par le mélange d'un comique bas & ridicule. C'est une faute capitale contre la nature & les loix fondamentales du drame.

La probabilité est une des bornes où la critique a voulu resserrer l'imagination. Cette prétention paroît plausible ; cependant en l'examinant de près on la trouve un peu rigoureuse, ou même injuste. Il y a des événemens que la raison juge non-seulement improbables, mais absurdes & impossibles, & que l'imagination adopte aisément, ou même avec plaisir. Il y eut un temps où l'on croyoit universellement que des êtres invisibles se mêloient de toutes les affaires de ce monde. Alors on supposoit que ces êtres pouvoient faire des choses extraordinaires en vertu d'un pouvoir surnaturel. On reconnoissoit différens ordres de ces esprits : & ils avoient des dispositions & des affections différentes pour les hommes. Une telle croyance agissoit fortement sur les principes les plus puissans de la nature humaine : en satisfaisant l'amour naturel du merveilleux, elle dilatoit l'imagination, & offroit un vaste champ à ses écarts les plus extravagans.

Ce temps fut le regne des romans. Quoique l'on ne reconnoisse plus aujourd'hui ni fées, ni génies, l'imagination pourtant y pense avec plaisir, & se sent naturellement portée à embrasser une opinion si divertissante. Delà vient que les contes orienteaux trouvent encore des lecteurs & des admirateurs, parmi ceux même qui n'admettent plus l'existence des génies qui y jouent un si grand rôle. Tout ce que l'on exige dans ces productions de l'imagination, c'est une fable ingénieusement tracée, & des caracteres bien soutenus. L'imagination elle-même se plaît à se laisser séduire : elle se prête avec plaisir à une illusion que la raison traite de ridicule. Pour que cette illusion nous charme, il suffit que la suite des incidens soit telle qu'elle s'accorde avec l'intervention de ces êtres supérieurs & invisibles. Une faute passagere contre la vérité & la probabilité ne choque point : il n'y a de choquant qu'une violation continuelle de l'une & de l'autre. Les représentations tragiques sont des preuves évidentes de la facilité avec laquelle l'imagination se prête à l'illusion. Lorsqu'une tragédie est bien représentée, l'imagination enflammée & les passions intéressées ne laissent pas à la raison la liberté de réfléchir que nous sommes émus de compassion pour des êtres fantastiques, ou du moins pour des cendres foides. Nous nous laissons transporter d'un lieu à un autre; nous croyons entendre un héros se parlant tout seul à lui-même dans sa chambre, tandis qu'il est sur un théâtre où deux mille personnes le voient & l'entendent.

L'illusion de nos romans modernes est plus parfaite que celle des anciens contes de fées & de génies. Mais comme l'Auteur se propose d'y peindre la nature & les mœurs telles qu'elles sont, l'imagination ne peut pas y jouer un si grand rôle ; les incidens n'y peuvent pas être ni si multipliés, ni si serrés, ni si merveilleux. Aussi il faut un génie de la premiere classe pour donner à ces sortes de compositions l'esprit & la variété nécessaires pour captiver l'imagination, la tenir en haleine, & la promener agréablement d'une situation à une autre, sans la refroidir par une narration seche ou des déclamations ennuyeuses.

Malgré l'extravagance ridicule des anciens romans, ils étoient plus favorables aux mœurs que les nôtres : car s'ils ne représentoient pas les hommes tels qu'ils étoient, ils les faisoient meilleurs. Les héros dont on célébroit les aventures, étoient des modeles de courage, de générosité, de fidélité, d'humanité & des plus excellentes vertus. Les héroïnes se distinguoient de-même par leur modestie, la délicatesse de leurs sentimens, & la décence de leurs mœurs. Nos romanciers font leurs portraits trop ressemblans : ils peignent trop au naturel certaines situations voluptueuses ; le vice s'y montre sous des traits séduisans capables d'entraîner la jeunesse dans le désordre, avant qu'elle soit entrée dans le monde. Ils exposent la vertu du beau sexe, en lui apprenant à se défaire de cette modestie & de cette réserve qui lui donne tant de grace & de dignité, & qui est comme un voile naturel qui les couvre aux yeux corrompus du monde, & sert en même-temps d'appas à l'amour & de sauve-garde pour la vertu. Enfin les uns ne pouvoient tromper que l'imaginations : les autres tendent à exciter les passions & à corrompre le cœur.

Le plaisir que cause l'histoire naît en grande partie, de la même source que celui que procure la lecture d'un roman. Ce n'est pas le simple récit des faits qui nous affecte agréablement. Ces faits ne nous font plaisir qu'autant qu'ils sont intéressans soit par leur importance, soit par le merveilleux qui s'y trouve, ou telle autre circonstance capable d'exciter dans nous quelque agitation. Mais l'histoire ne contient pas beaucoup de faits de cette espece, parce qu'elle ne descend point à des détails d'aventures particulieres plus propres néanmoins à nous affecter & à intéresser nos passions, que le sort des empires. Il n'est donc pas étonnant que l'histoire nous attache si peu ; & que nous ayons moins de bons Auteurs dans ce genre. Il ne suffit pas, pour rendre l'histoire amusante & intéressante, de joindre à l'impartialité la plus stricte, l'élégance du style, une connoissance profonde des ressorts de la politique, des observations fines & judicieuses. Nous ne commençons à prendre du goût pour l'histoire que lorsque nous y avons trouvé un parti, ou un caractere distingué qui nous attache. Alors nous nous intéressons à son sort, nous partageons tous les événemens qui le regardent, nous compatissons à ses malheurs, nous sommes inquiets lorsqu'il est menacé de quelque danger, nous nous rejouissons avec lui; nous n'exigeons point de l'Auteur qu'il viole la vérité de l'histoire pour donner toutes les perfections à notre héros favori ; nous lui permettons de nous peindre ses foiblesses & ses vices pourvu qu'il le fasse avec assez d'adresse & de délicatesse pour ne pas détruire notre attachement. Les caracteres doivent y avoir une sorte d'unité & de constance qui ne se démente point : nous nous y attendons. Un Auteur véridique, qui a du talent pour ce genre, peut aisément tromper notre attente sans violer la vérité : car les plus grands hommes ont d'étranges foiblesses ; il y a certains traits dans les caracteres les plus mâles & les plus sublimes, qu'il suffit de rendre tels qu'ils sont pour les ridiculiser. Si pourtant un historien trop scrupuleusement attaché à peindre les moindres qualités de ses héros, choque sans cesse la haute idée que nous en avions conçue, de forte que fans cesse trompés nous ne trouvions jamais un objet digne de nous intéresser ; nous pourrons admirer son génie nous pourrons tirer quelque instruction de son histoire, mais la lecture ne nous en sera jamais agréable, jamais elle ne laissera d'impression flatteuse dans l'esprit. Toutes les histoires de ce genre ne nous causent presque pas de plaisir : elles font une impression fâcheuse sur l'esprit : elles éteignent cet enthousiasme pour la vertu qui est le principe des grandes actions : elles produisent le scepticisme, la froideur, & l'indifférence pour toutes sortes de caracteres & de principes. Il faut convenir aussi qu'elles servent à étouffer l'esprit de cabale, & à corriger les idées & les préventions de parti, surtout lorsque l'Auteur montre une impartialité à toute épreuve qui balance toutes les raisons, discute

tous

tous les intérêts, sans se laisser maîtriser par aucun préjugé.

Une imagination vive & brillante, surtout une imagination poétique ne souffre point de contrainte dans l'usage de la métaphore & de l'allégorie. Cette figure est comme le département particulier de l'imagination. Le jugement le plus sain & le plus sobre seroit pour elle un mauvais guide & un juge incompétent. L'œil du poëte, en parcourant la vaste étendue qui sépare le ciel de la terre, est frappé d'une foule d'images & de similitudes qui passent la portée des autres, & qu'ils ont même de la peine à saisir lorsqu'on les leur présente. Il y a de la correspondance entre certaines formes extérieures de la nature & certaines affections de l'ame, qu'il est plus aisé d'éprouver que d'expliquer. Quelquefois l'association n'est qu'accidentelle; mais le plus souvent elle paroît être innée. Delà vient la grande difficulté de déterminer le vrai sublime. On ne peut pas lui prescrire de bornes : il est entiérement relatif : il dépend du degré de chaleur & de vivacité de l'imagination, & conséquemment il varie avec le climat. Par la même raison, les compositions, où l'on remarque une grande & riche profusion d'images, ce qui est une grande beauté dans certains genres de poésie, sont presque toujours taxées d'obscurité, à cause des transitions subites & multipliées d'un objet à un autre, qui égarent les lecteurs ordinaires, & qu'un esprit poëtique suit aisément. Il ne faut pas analyser de sens-froid la convenance des images & des métaphores. Ce seroit en détruire l'effet. Ce sont des choses qui doivent être senties avant toute réflexion. Qui ne les sent pas lorsqu'elles se présentent, est incapable de les faire sentir. Qui veut en analyser l'impression, la fait évanouir. Il en est de-même de l'esprit qui consiste dans une association subite & inattendue d'idées qui affectent agréablement l'ame soit par leur ressemblance ou leur contraste. Un saillie d'esprit ne supporte point l'épreuve du raisonnement, non plus que la fine raillerie qui consiste à donner un tour plaisant à de légeres foiblesses qui n'étant point assez importantes pour exciter la pitié ni l'indignation, doiventêtre peintes sous les traits enjoués du ridicule. Pour en sentir la justesse il faut avoir une idée de l'original, ou être affecté de la représentation. Si on ne la sent pas d'abord, on ne la sentira jamais. Les ouvrages de ce genre, dont le mérite consiste dans le sel d'une fine plaisanterie, où la satyre ingénieuse se propose de peindre sous les traits du ridicule les caracteres du temps, sont nécessairement éphémeres. Ils ne plaisent que dans le lieu & le moment qui les ont vu naître : hors de là ils perdent leur pointe & deviennent obscurs & insipides.

Tout ce qui fait l'objet de l'imagination & du goût ne doit être vu qu'à une certaine distance, & sous un certain jour. Il perd à être vu de trop près, ses traits grossissent & deviennent quelquefois difformes. Il est donc essentiel, & c'est la marque d'un grand jugement, de présenter chaque objet sous le point dé vue qui lui est le plus avantageux, c'est-à-dire celui qui est le plus propre à affecter agréablement, & à empêcher que l'esprit ne le considere sous un autre jour. Du reste, c'est un art qui est ordinairement en notre pouvoir, & nous le pratiquons tous les jours dans le commerce de la vie. Nous apprenons naturellement à préfenter chaque objet du côté qui plaît davantage, & à cacher celui qui lui eft moins avantageux. Cet art d'éclairer les objets, & d'en relever l'éclat par les différens jours qu'on leur donne, a des bornes que la raifon prefcrit. Tant qu'il s'y contient, le jugement le plus févere en approuve l'ufage & l'illufion innocente. Tout ce que nous admirons, tout ce qui nous flatte, tout ce qui nous paroît grand, beau, aimable, a des traits d'une autre efpece dont la vue empoifonneroit pour nous le plaifir de la jouiffance. Nous admirons, nous aimons la grandeur & la magnificence de la nature dans fes formes les plus fauvages, telles qu'une chaîne immenfe de montagnes efcarpées; mais dès que nous faifons attention à l'horreur de la folitude qui les environne, aux neiges épaisses dont leur sommet est toujours couvert, à la difficulté de les gravir, la premiere impression fait place à un sentiment opposé. Un amant qui contemple avec ravissement les charmes de la beauté qui captive son cœur, perdra d'abord le sentiment exquis de la volupté qu'il goûte dans cette contemplation, s'il vient à réfléchir combien les plus belles formes sont fugitives, & que dans quelques années cette beauté dont il fait son idole, ne sera qu'une cendre froide.

Tout concourt à nous faire sentir qu'il faut cacher une partie de la vérité pour que l'autre nous plaise. Nous sentons encore combien nous gagnons à embellir le côté qui nous charme. C'est une foiblesse qu'on se pardonne aisément à cause du plaisir qu'on en retire. Nous croyons devoir de l'indulgence à nos amis, à nos enfans, à nos compatriotes : nous pensons que la partialité à leur égard est une vertu. Non-seulement nous avons soin de cacher leurs défauts, autant que la prudence le permet; nous exagérons encore leur bonnes qualités dans notre esprit, & nous nous plaisons à nous les représenter plus excellentes qu'elles ne sont. Le bon-sens ne blâme point cette indulgence, parce qu'elle est naturelle, & que nous ne pourrions pas nous en défaire sans perdre avec elle tout sentiment d'amitié, d'affection naturelle & de patriotisme. Pourquoi la conduite que nous tenons avec profit dans le commerce de la vie, ne seroit-elle pas également avantageuse dans nos recherches sur les productions du goût & de l'imagination ? Un esprit cultivé, en même temps qu'il se livre aux premieres impressions du plaisir que lui cause le mérite réel d'un ouvrage, voit d'un coup d'œil, si le tout est capable de supporter un examen plus réfléchi. S'il en est capable, chaque beauté secrete qui se laisse appercevoir à une seconde vue ajoute sans cesse au plaisir; si l'ouvrage n'est point à l'épreuve de l'examen, l'homme de goût, économe adroit de ses plaisirs, s'en dispense, n'en considere que le beau côté & jouit avec reconnoissance des impressions flatteuses que ce côté fait sur lui.

Un goût épuré est sans cesse choqué en lisant les *Pensées Nocturnes* du Dr. Young. Il y trouve des peintures de la vie humaine fausses & recherchées, des jeux de mots puériles, une poésie quelquefois au-dessous de la prose la plus foible, & souvent empoulée & faussement sublime, un style obscur & embarrassé, des raisonnement foibles, un plan mal conçu çu & dont l'exécution n'est pas plus heureuse. Cependant cet ouvrage peut être lu avec des sentimens différens. On peut y trouver des touches fortes & vigoureuses, des traits de la plus sublime poésie qu'aucune langue ait jamais produite, de ces saillies naturelles & passionnées qui touchent le cœur de la maniere la plus tendre & la plus affectueuse. D'ailleurs l'esprit est quelquefois dans une disposition à goûter les peintures les plus sombres de la vie humaine.

Il y a des chagrins trop profonds pour permettre à l'ame de raisonner : il y en a de trop vifs pour admettre aucune distraction. On peut en affoiblir le sentiment, mais on ne sauroit le supprimer. Les *Pensées Nocturnes* conviennent à cet état de l'ame. La mélancolie qui les caractérise flatte sa disposition présente, & en même temps lui présente des motifs de

consolation qui peuvent seuls la lui faire supporter. Il y a un charme secret & merveilleux que la nature a attaché aux sentimens qui sympathisent avec la disposition présente de notre ame, surtout lorsqu'elle est plongée & comme abîmée dans une affliction profonde: ces sentimens nous font éprouver alors une douce langueur infiniment au-dessus de toutes les délices de la joie folle & dissipée. Le Dr. Akenside a décrit cet effet avec beaucoup d'élégance & de force dans son poëme des *Plaisirs de l'imagination*. „ Demandez à
„ cet amant fidele, dit-il, pour-
„ quoi il presse contre son sein
„ l'urne froide de celle qu'il aima;
„ pourquoi sur le soir il s'enfonce
„ dans l'épaisseur de ce bois pour
„ lui porter le juste tribut de ses
„ larmes. Il vous dira que tous
„ les trésors de l'univers ne valent
„ pas pour lui l'heure précieu-

,, se, où dérobé à l'embarras des
,, affaires, & caché aux yeux de
,, l'envie, il se livre dans cette
,, solitude à un souvenir ten-
,, dre & vertueux qui fait de sa
,, tristesse une extase délicieuse,
,, & de ses larmes un ravissement."
Il peint ensuite avec l'enthousiasme de la liberté, & la force du
génie poétique, dans des vers également doux & harmonieux, ce
chagrin noble & sublime qui trans-
porte l'ame à la vue de l'état déplorable de ces contrées qui furent
autrefois le séjour heureux du
génie, de la liberté, & des vertus
qui honorent le plus l'humanité.

L'objet principal que l'on doit
se proposer en cultivant le goût,
c'est de découvrir dans les ouvrages de la nature & de l'art, ces
beautés délicates qui exigeant un
tact fin pour être senties, sont sujettes à être négligées. Thomson
a fait un poëme plein de belles

images qui plaisent par leur justesse. Mais son principal mérite consiste à faire sentir à l'esprit un grand nombre de beautés naturelles, dont les formes changeantes & passageres n'avoient point été saisies avant lui.

L'effet le plus utile & le plus charmant de la critique est d'ouvrir de nouvelles sources de plaisir, inconnues à la multitude des hommes : le goût n'est un bien qu'autant qu'il se signale par de telles découvertes.

On a remarqué souvent qu'un bon goût & un bon cœur vont ensemble. Cette espece de goût pourtant qui s'attache uniquement à découvrir des taches & des défauts, ne peut avoir qu'un mauvais effet sur le tempérament & sur le cœur. L'ame prend naturellement l'empeinte des objets qui lui sont le plus souvent présentés & dont elle s'occupe davantage.

Le dégoût souvent répété aigrit le caractere & l'habitude d'une épiquie scrupuleuse, transportée dans le commerce de la vie, resserre le cœur, refroidit toutes les affections généreuses & bienfaisantes par la vue continuelle des fautes & des foiblesses inséparables de chaque caractere, & détruit ainsi les douces émotions de l'amour & les transports flatteurs de l'admiration.

L'habitude de trop insister sur ce qu'il y a de choquant dans les objets du goût, passe aisément dans la société, où elle a les plus funestes effets sur le caractere de celui qui s'y livre, à moins qu'elle ne soit modérée par un grand fond d'humanité & d'enjouement ; autrement elle produit une disposition sombre & mélancolique qui fait que l'on prend un triste plaisir à entretenir l'envie & la malignité du cœur, passions terribles pour celui qui en est possédé, & ceux qui en ressentent l'influence. Une connoissance intime des plus beaux ouvrages de la nature & du génie, & la contemplation assidue de leurs formes les plus aimables, adoucissent les mœurs, ouvrent & étendent l'imagination, & disposent doucement les esprits à voir les hommes & le cours des événemens sous le point de vue le plus agréable. Lorsque l'on contemple la belle nature, le cœur se dilate, il prend des sentimens de générosité & de bienveillance : alors la sympathie secrete qu'il y a entre le sentiment de la beauté physique & celui de la beauté morale, opere avec succès; alors l'influence réciproque du bon goût sur le bon cœur, se montre dans toute sa force; alors le plaisir & la vertu sont inséparables.

SECTION V.

IL s'agit à-présent de considérer cet autre principe de la nature humaine, qui semble en quelque maniere être le caractere distinctif de l'homme, & qui en fait un être religieux. Ce n'est pas la vérité de la religion que j'examine ici. Il est question de rechercher l'influence que ce principe a, ou peut avoir, sur le bonheur des hommes.

Il semble d'abord que les suites en doivent être des plus heureuses. Il est naturellement doux & consolant de penser que le systême universel de la nature est conduit & gouverné par un Etre éternel, tout-puissant & infiniment bon, qui a tellement réglé le cours de sa providence qu'il en résulte le plus grand bien de ses créatures; que nous avons en main les moyens de nous assurer la faveur de Dieu, & de rentrer en grace auprès de lui, lorsque nous avons eu le malheur d'encourir son indignation; que cette vie passagere n'est que le moindre période de notre existence, que notre ame survivra à ce corps mortel, que ce corps lui-même renaîtra de ses cendres, & qu'il est en notre pouvoir de mériter un bonheur éternel dans une meilleure vie. Si nous sommes bien persuadés que les devoirs que Dieu exige de nous sont très-propres à faire notre bonheur dans l'économie présente, & à assurer en même-temps celui de la société entiere, nous devons naturellement nous imaginer que tout homme sage & sensé les chérira & les adoptera avec ardeur, soit qu'il les regarde comme le produit naturel de la force de la raison humaine, soit qu'il les rapporte à une révélation immédiate de l'Être Suprême.

Quoique la croyance d'un Dieu & d'une vie à venir ait été universellement reçue dans tous les âges & de tous les peuples de la terre, cependant elle a été corrompue par des superstitions qui non-seulement en ont empêché l'heureux effet, mais qui l'ont rendue nuisible aux vrais intérêts de l'humanité. L'Être Suprême a été souvent représenté sous des traits plus propres à en faire un objet de terreur qu'un objet d'amour. Souvent on en a fait un Maître injuste & barbare ; un Être avide de sang, qui ordonnoit aux hommes de s'entr'égorger ; un Dieu persécuteur qui prescrivoit à ses ministres un zele barbare pour ses intérêts : trop souvent la religion a servi les passions des hommes ; trop souvent elle a été le prétexte des entreprises injustes de la plus affreuse tyrannie.

Ce funeste abus d'une chose si sainte a fait que des hommes célebres ont agité cette question, savoir si l'athéisme est plus préjudiciable au bonheur de la société que la superstition, tandis que d'autres ne jugeant pas qu'il y eût de la comparaison à faire entre les avantages de la religion, & les inconvéniens de la superstition ont cru qu'il valloit mieux distraire les hommes de toute opinion, pratique, ou gêne religieuse, que de les exposer aux abus terribles qui en sont comme inséparables. Voilà l'intention la plus plausible que l'on puisse supposer à ceux qui se sont efforcés d'introduire dans le monde un système raisonné d'athéisme. Ces raisons ont pu paroître spécieuses sous le regne de l'ignorance & de la superstition. Aujourd'hui elles n'ont aucun fondement. L'expérience a démontré que la religion pouvoit exister dans la société politique sans cet alliage de superstition qui lui est tout-à-fait étranger, qui est même directement opposé à son véritable esprit. Peut-être seroit-il impossible d'empêcher tous les individus & chacun d'eux en particulier de donner dans les écarts de la superstition, comme il seroit impossible de faire ensorte qu'ils jugeassent tous sainement des objets qui concernent l'entendement seul, & encore à plus forte raison de ceux auxquels l'imagination & les passions prennent un vif intérêt. Mais dès que l'on établit solidement & avec évidence les avantages de la religion, c'en est assez, ce me semble, pour engager tout homme sensé, tout bon citoyen à prendre sa défense, & à ne la pas rendre responsable des abus & des circonstances accidentelles qui la déshonorent & qu'elle réprouve.

Les hommes ont sûrement un sens moral, une connoissance naturelle du juste & de l'injuste, indépendante de la foi religieuse. Mais l'expérience prouve assez que l'appât du plaisir présent, la violence de la passion & l'ardeur du tempérament suffisent souvent pour empêcher les hommes de suivre l'impression du sens moral, à moins qu'elle ne soit renforcée par la religion, dont l'influence bien dirigée est très-puissante sur l'imagination & les passions.

Je conviens sans peine qu'un très-grand nombre d'ennemis déclarés de la religion se sont distingués par des sentimens d'honneur, de probité, de générosité & de bienveillance. Il faut considérer aussi que les vices & les passions des hommes sont souvent les effets naturels d'un tempérament heureux. Une constitution froide, une imagination tranquille, un cœur peu sensible engendrent des vertus naturelles; ou plutôt ces qualités épargnent bien des vices à celui qui les possede. Elles engendrent la tempérance, la chasteté, l'honnêteté, la prudence, un naturel doux & incapable de nuire à personne. Des passions vives, une imagination ardente, une grande sensibilité de cœur sont les germes naturels de la prodigalité, de la débauche, de l'ambition, & en même temps les semences précieuses de toutes les vertus sociales & héroïques. Les hommes de cette trempe ont dans leur caractere même le rémede aux vices de leur constitution, étant plus susceptibles que les autres des impressions religieuses. On les croit souvent de grands ennemis de la religion; & pourtant ce n'est pas la religion qu'ils haïssent, ce n'est que son joug, & la crainte qu'elle leur impose. Elle a des ennemis plus redoutables; ce sont les philosophes d'une vie sobre & chaste, exempts de passions & de vices, & également insensibles aux plaisirs & aux menaces de la religion. L'incrédulité & l'irreligion absolues ne sont pas des preuves d'un mauvais esprit ni d'un caractere vicieux: elles annoncent seulement une imagination froide & un cœur peu sensible. On compte beaucoup de philosophes parmi les incrédules; mais à-peine y-a-t-il un homme de goût & de sentiment. Cependant l'exemple du chancelier Bacon, de Loke & de Newton montre évidemment que la foi religieuse est très-compatible avec un entendement vaste & éclairé.

La plûpart de ceux qui se sont

élevés au dessus de ce qu'ils appellent des préjugés religieux, affectent de traiter d'esprits foibles & d'ames rétrécies ceux qui n'ont pas honte de témoigner les égards qu'ils ont pour la religion. Il y a en cela ou de la mauvaise foi, ou une grande ignorance de la nature humaine. Les articles fondamentaux de la religion ont été généralement reçus par des hommes distingués par leur pénétration & leur jugement. Il y auroit même de l'injustice à soupçonner qu'un homme qui donne dans les folles erreurs de la superstition fût d'un esprit également foible sur tout autre objet. On voit par expérience qu'une imagination échauffée ou des passions fortement agitées, ne permettent pas à l'entendement de raisonner; cela ne dit pas qu'il ne soit très en état de montrer un jugement sain, & une raison solide dans des matieres où l'imagination & la passion ne sont pour rien.

Le caractere d'esprit foible n'est pas seulement attribué aux personnes qui ont des sentimens de religion; on le suppose en général à tous ceux qui ont un naturel chaud, ouvert, vif, enjoué, & un cœur particuliérement disposé à l'amour & à l'amitié; c'est un injustice. La force d'esprit ne consiste pas dans un naturel revêche, dans un cœur dur & inflexible, ni dans une méfiance outrée de la bonté divine. Elle consiste au contraire dans un caractere actif & résolu, dans une raison mâle qui dispose l'homme à remplir convenablement son rôle dans le monde, & à supporter l'adversité avec courage & grandeur d'ame. Il y a une force d'esprit que l'athéisme & le scepticisme ne seront jamais capables de donner. Ils tendent plutôt à affoiblir l'esprit, à abaisser

abaisser le génie, à énerver le tempérament & à resserrer le cœur. Les écrits des anciens stoïciens respirent la religion & le plus profond respect pour la providence: le stoïcisme a cependant produit les hommes les plus actifs, les plus courageux & les plus vertueux qui aient jamais honoré l'humanité.

Rien ne prouve mieux la persuasion générale où l'on est qu'il y a une liaison naturelle entre l'esprit de religion & la sensibilité du cœur, que l'espece d'horreur qu'inspire l'incrédulité dans les femmes. Le beau sexe est aussi appellé le sexe dévot. Nous regardons sa religion comme la sauvegarde de sa vertu, & si une femme en manque, c'est pour nous une forte preuve qu'elle n'a ni la douceur, ni la délicatesse, ni la sensibilité de cœur qui conviennent à son sexe, qui en font un des plus beaux agrémens, & qui, plus qu'aucune autre qualité, lui assurent l'empire sur nos cœurs.

Il y a des hommes qui peuvent se persuader qu'il n'existe point d'intelligence suprême qui regle le cours de la nature : des hommes qui se voient successivement abandonnés par tous ceux auxquels ils ont été unis par les doux nœuds de la nature & de l'amitié, & qui se persuadent qu'ils les perdent pour toujours : des hommes qui attendent tranquillement le moment où eux-mêmes ils cesseront d'être tout-à-fait, sans que cette idée d'anéatissement trouble en rien la sérénité de leur ame. Mais un cœur sensible, un cœur surtout attendri par les délices de l'amitié, ne pourroit y penser qu'en frémissant. Une telle opinion empoisonneroit toutes les douceurs dont il jouit, répandroit un voile sombre sur toute la vie, en tarissant la source des consolations les seules capables de fortifier l'ame dans des circonstances où elle n'en peut recevoir de tous les autres objets.

Le scepticisme qui ne nie pas absolument ces principaux articles de religion, mais qui porte l'esprit à suspendre son jugement, parce qu'ils ne lui semblent pas revêtus de preuves suffisantes ; le scepticisme, dis-je, a les mêmes effets. Car dans les matieres où les affections du cœur sont vivement intéressées, l'incertitude est le pire de tous les états ; elle est plus insupportable que l'assurance même du mal que l'on craint.

Il seroit à souhaiter que les philosophes qui n'ont pas besoin des motifs de la religion pour soutenir leur vertu, & qui ne s'apperçoivent pas que ses consolations leur manquent, eussent assez d'humanité pour compatir à la situation différente où se trouvent les autres hommes, & ne pas chercher à leur ravir une chose que l'habitude, sinon la nature, a rendu nécessaire à leurs mœurs & à leur bonheur. Il se peut qu'en délivrant les hommes des craintes de la religion, ils rendent un service cruel à quelques-uns dont ils favorisent les plaisirs en les affranchissant de toute contrainte; mais combien ils font de malheureux, en leur faisant douter de ces vérités consolantes, dans lesquelles ils mettoient toute leur espérance! Dans le fait, ils ne procurent aucun bien réel à qui que ce soit.

Soutenir publiquement la cause de l'incrédulité, c'est affecter vainement plus de sagesse que les autres hommes. Le zele de faire des prosélites est ordinairement du à la vanité que l'on a de dominer sur les esprits : ce qui est de toutes les especes de supériorité celle qui flatte le plus. Il peut y avoir une autre cause qui influe sur la conduite de ceux dont le zele pour l'irreligion ne sauroit être attribué ni à la vanité, ni au desir ambitieux de cette supériorité. C'est ce qu'il s'agit de devélopper.

Nous n'aimons point à nous trouver en contradiction sur des objets importans, avec ceux qui nous environnent. Cette opposition de sentimens nous fait de la peine. Cette peine doit augmenter bien davantage dans le cas présent de l'incrédulité ou du scepticisme en matiere de religion, puisque cette disposition est par elle-même désolante pour un cœur tant soit peu sensible. Les malheureux font beaucoup plus de cas de la sympathie que ceux qui sont dans la prospérité. C'est que les premiers ont besoin d'une consolation qui n'est pas nécessaire aux autres. Un homme sans religion se trouve seul au milieu de la société ; & quoique la prudence lui fasse cacher ses sentimens & condescendre même à quelques pratiques extérieures du culte religieux, cependant un esprit droit & vrai trouve cette conduite incommode ; & pour peu qu'il soit né avec un caractere social, il souffrira un mal-aise de se trouver ainsi seul, sans ami qui puisse soulager sa peine. Cette considération paroît entrer pour beaucoup dans l'inquiétude avec laquelle les esprits-forts cherchent à faire des prosélytes qui embrassent leurs sentimens : inquiétude beaucoup plus grande que n'en montrent au même égard ceux qui trouvent de la consolation dans la perspective d'un avenir heureux.

Les incrédules font sonner fort haut leur zéle pour la cause de la vérité. C'est leur excuse. Elle est tout-à-fait insuffisante. Ce n'est point-là le principe habituel de leurs actions dans la vie commune. Il n'y a point d'homme qui puisse prétendre avec raison qu'il en fait la regle de sa conduite. Il s'en faut beaucoup que la découverte de la vérité soit l'objet le plus important dans la poursuite du bonheur. La recherche & la découverte du vrai dans les sciences abstraites, dans les beaux-arts & dans les productions de la nature, est une source féconde de plaisirs pour l'esprit; mais dans les objets qui intéressent l'imagination & les passions, la vérité n'est considérée qu'autant qu'elle les favorise. Un des premiers principes de la société, de la décence, & de la politesse, est de taire le vrai lorsqu'il peut offenser quelqu'un ou lui causer du tort. Sans ce principe, les hommes seroient dans un état continuel de guerre entre eux. Supposons qu'un de nos amis perde un

fils unique, la consolation & le bonheur de sa vie. Lorsque la premiere sensibilité de la nature s'est exhalée en pleurs & en gémissemens, il se rappelle la sagesse & la bonté infinie du grand Être qui est l'arbitre absolu de tous les événemens. Il est persuadé qu'après quelques années il retrouvera son fils pour n'en être plus jamais séparé. Dans cette vue, il se soumet avec une triste mais douce résignation, à la volonté divine. Supposons à-présent que tout cela ne soit qu'une illusion, un songe agréable, les hommes n'auroient-ils pas droit d'accuser de barbarie & d'inhumanité un philosophe qui chercheroit à les détromper d'une erreur si flatteuse? Cependant la vanité l'emporte tellement sur la nature, qu'on voit des hommes d'un naturel bienfaisant, prendre à tâche de nous ravir une espérance qui console l'ame dans toutes les
affli-

afflictions & les miseres de cette vie humaine, & la porte à s'y résigner avec courage & même avec une sorte de satisfaction.

On peut considérer la religion sous trois vues différentes: d'abord comme contenant des dogmes relatifs à l'existence & aux perfections de Dieu, à sa providence ou à son gouvernement moral, à une vie à venir, & autres vérités particulieres communiquées au genre-humain par une révélation immédiate surnaturelle; secondement, comme regle de vie & de mœurs; troisiémement, comme une source d'affections singulieres pour l'ame, qui lui sont agréables ou désagréables selon l'esprit de la religion qui les inspire.

La premiere vue, qui est le fondement de la foi religieuse, est l'objet de la raison. L'esprit humain en a fait le sujet de ses profondes méditations : il a étudié avec la plus grande constance & l'application la plus pénible ces articles importans qui concernent si immédiatement le bonheur du genre-humain. Ses recherches n'ont pas été sans succès : cependant lorsqu'elles ont été à un certain point, il a reconnu que la providence avoit mis des bornes à la raison & à la force de sa pénétration. L'infinité de Dieu & son caractere moral sont surtout des objets qui surpassent les facultés de notre entendement. Nous avons beau nous appliquer à les étudier, l'induction qui se tire de l'expérience, sur laquelle posent tous nos raisonnemens, ne peut nous donner aucunes lumieres sur un sujet absolument différent de tout ce que nous connoissons. Plusieurs articles fondamentaux de la religion sont propres à porter une pleine conviction dans l'esprit. Mais il faut pour cela les considérer d'une certaine distance; les contempler avec un respect religieux, plutôt qu'avec un œil trop curieux. Ils sont au-dessus de la raison & de la métaphysique la plus raffinée. Dès que nous voulons les examiner de trop près, ils nous confondent par leur immensité, & leur nature surprenante qui n'a rien d'analogue à nos idées.

Lorsque nos recherches sur la nature s'étendent au-delà de certaines bornes, notre esprit s'enveloppe de ténebres & de doutes. Il y a néanmoins bien de la différence entre les discussions physiques & les recherches qui concernent la religion. Nous pouvons toujours faire de nouveaux progrès dans la connoissance de la nature, & approcher de plus près de la vérité par l'usage de l'observation & la force du génie, nos recherches sur les objets de la religion sont resserrées dans des bornes étroites : ni la force de la raison, ni l'application de l'esprit ne peuvent nous faire avancer d'un pas au-delà de l'abyme impénétrable qui sépare le monde visible du du monde invisible.

Les articles de la foi religieuse, à la portée du grand nombre des hommes, & essentiels à leur bonheur, sont simples & en petit nombre ; mais des esprits subtils se sont efforcés d'en faire un systême embrouillé d'une métaphysique respectable par son obscurité mystérieuse, qui sera long-temps un monument de l'étendue & de la foiblesse de l'entendement humain. Les systêmes de cette espece ont toujours eu divers inconvéniens. En voulant trop prouver, ils ont ébranlé les vrais principes de la religion. La plupart des hommes sont élevés dans la croyance particuliere de certaines opinions propres d'une secte religieuse ou d'une autre. Ils sont tous également persuadés qu'ils sont dans la bonne voie, que leur religion est la vraie, qu'elle est fondée sur l'autorité de Dieu, & sur les maximes les plus évidentes de la raison. Ils pensent encore que toutes les parties de la religion sont tellement liées entre elles, que l'une ne peut pas se trouver fausse, sans que tout le systême religieux ne le soit. Cependant dès que l'on prend la liberté de l'examiner, on ne peut se cacher que trop souvent les hommes mêlent le mensonge & l'incertitude à la vérité. Alors on croit tout perdu, & pour sauver le vrai, on soutient le faux avec un zele d'autant plus impétueux qu'on s'imagine que l'autre en dépend.

L'habitude de raisonner & de disputer sur les objets de la religion, est une sorte de familiarité qui détruit peu-à-peu le respect que l'on auroit pour eux, si on n'en parloit pas. Cela atrive en particulier aux hommes qui par une curiosité profane, cherchent à pénétrer l'économie cachée de la providence dans l'administration du monde, les loix morales que Dieu se prescrit ou l'indépendance de ses actions, & d'autres questions de cette espece qui surpassent la foible portée de nos conceptions. Ces recherches tendent naturellement à diminuer le saint respect avec lequel nous devons toujours contempler la Divinité, & qui ne sauroit subsister avec la liberté qu'on se donne de sonder ses voies, & de contrôler son gouvernement. Aussi nous remarquons aisément que les sectaires qui se sont adonnés le plus aux discussions concernant la Divinité, en ont souvent parlé avec une familiarité tout-à-fait indécente. Mais on trouve rarement en eux ce véritable esprit de dévotion dont la base & la marque caractéristique est une sincere humilité.

Un autre inconvénient de la théologie spéculative, c'est de détourner l'attention du peuple de la pratique des devoirs moraux. En général, ceux qui montrent le plus de zele pour la défense des dogmes religieux, sont très-modérés & très-froids, je dirois presque indifférens, lorsqu'il est question des préceptes. Ou, s'ils affectent de la sévérité à cet égard, elle ne tombe que sur un petit nombre de vices qui intéressent assez peu le cœur, & dont leur tempérament les préserve heureusement.

Mais l'esprit de controverse n'a point de plus mauvais effets que ceux qu'il produit sur le caractere & sur les affections. Tandis que l'entendement s'occupe avec une forte contention d'objets abstraits, sublimes & difficiles, sur lesquels il ne peut tirer de lui-même ni éclaircissemens ni repos, l'ame perd son enjouement naturel, elle contracte de la mélancolie & de la dureté, tant par le désagrément que lui cause le peu de succès de ses recherches, que par le rallentissement des affections humaines & sociales qui languissent faute d'exercice. Lorsque la différence des sentimens a aigri les esprits, la dispute se change en querelle, la paix de la société en est troublée. Ces querelles théologiques sont d'autant plus fatales que les docteurs sont plus persuadés que leur attachement à certains opinions les rend dignes de la faveur divine, & que ceux qui pensent autrement qu'eux sont des victimes dévouées à une damnation éternelle. Cette persuasion brise tous les liens de la société. On s'est imaginé que tolérer des gens qui sont dans l'erreur, c'étoit conniver à leur perte & à celle de tous ceux que leur exemple entraîne dans le même parti. Delà est né cet esprit cruel & haineux qui a si souvent décrédité la cause de la religion & deshonoré l'humanité.

Il faut convenir aussi que les discussions théologiques ont été quelquefois utiles au genre-humain. L'esprit de liberté qui porta les premiers réformateurs à sécouer le joug de la tyrannie ecclésiastique, engendra naturellement celui de la liberté civile, surtout lorsqu'il sentit le poids de la persécution. Ces sentimens unis à cet enthousiasme hardi, à cette sévérité de mœurs & de caractere, qui distingua quelques-unes des sectes réformées, enfanterent ces hommes intrépides & déterminés, seuls capables de défendre & de faire triompher la cause de la liberté dans un temps où toutes les ames étoient énervées & avilies par le luxe ou la superstition. Nous devons à ces héros la liberté & l'heureuse constitution dont nous jouissons à-présent [*]. Ces avantages de l'enthousiasme religieux sont le produit accidentel des circonstances.

On peut avancer qu'en général, la religion considérée comme science, à en juger par la maniere dont elle a été cultivée, ne sert pas autant à éclairer l'entendement, ni à adoucir les mœurs, ni à corriger le cœur, qu'on devroit naturellement l'espérer, quoique l'application de quelques esprits subtils à expliquer les passages obscurs & difficiles des écrits sacrés, ait été aussi utile qu'elle étoit nécessaire. Comme il est naturel aux hommes de porter leurs spéculations sur

[*] On se souviendra que c'est un Anglois qui parle.

un sujet qui intéresse de si près leur bonheur présent & éternel, au-delà des bornes de la raison, ou de l'évidence de la révélation, elles ne sauroient avoir de suites fâcheuses, tandis qu'elles se contiennent dans les termes de la modestie & du respect qu'exige sa grandeur sublime; elles ne deviennent pernicieuses que lorsqu'on les transforme en systêmes, & qu'on leur attribue autant de droit à la croyance & à la soumission des fideles, que l'écriture sainte en a.

La religion, considérée comme regle de vie & de mœurs, a une influence plus grande & plus favorable au bonheur des hommes. Lors même qu'elle est défigurée par la plus étrange superstition, elle a la puissance de réprimer des passions contre lesquelles la raison & la philosophie ne fournissent que de foibles armes. C'est dommage que l'application de la religion à cette fin utile n'ait pas été suivie avec tout le soin que l'importance du sujet l'exigeoit. La partie spéculative de la religion a occupé presque toute l'attention des hommes de génie. Du reste c'est le sort commun de tous les arts utiles & pratiques, & la religion appliquée à régler la conduite & les mœurs des hommes est réellement un art pratique. Il est aisé d'assigner les raisons de cette négligence. Les philosophes ont une répugnance naturelle pour toute application qui n'exerce pas immédiatement des facultés de leur esprit. Or la pratique d'un art exige d'un philosophe qu'il emploie la plus grande partie de son temps à des opérations qui ne donnent aucun exercice à son génie & à son entendement.

Je trouve beaucoup de ressemblance entre le fort de la partie pratique de la médecine & le fort de la partie pratique de la religion : l'une a pour objet la guérison des maladies du corps, & l'autre se propose de guérir les maladies de l'ame. Le progrès ou le degré de perfection de ces deux arts, s'évalue par leur succès dans la guérison des maladies contre lesquelles ils donnent des remedes. A l'égard de la médecine, les faits dont cet art dépend, sont en si grand nombre, si compliqués, si défigurés par l'aveugle crédulité, ou une imagination échauffée, qu'à peine y a-t-il jamais eu un génie vraiment philosophique qui se soit adonné à la pratique. Presque tous les médecins qui ont eu de l'esprit, ont pris plaisir à former des théories qui, en exerçant leur imagination, ont contribué en même temps à leur réputation. Au lieu de se donner la peine d'observer eux-mêmes, ils ont recueilli parmi les observations déja faites, celles qu'ils jugeoient les plus convenables à leur dessein, & ils les ont adaptées à leur système. Par cette méthode l'histoire de la médecine est devenue, non l'histoire de ses progrès comme art de guérir, mais l'histoire des opinions qui après avoir été en vogue pendant vingt ou trente ans, sont tombées dans le mépris & dans l'oubli. La même chose est arrivée à la partie pratique de la religion, qui est d'une toute autre difficulté que la partie pratique de la médecine : car il suffit pour celle-ci de faire des observations exactes, & de savoir les appliquer convenablement, ce qui n'excede pas la portée d'un bon esprit ordinaire; mais pour guérir les maladies de l'ame, il faut une connoissance intime du cœur humain; & cette connoissance doit se tirer de l'usage & du commerce du monde: les livres ne l'enseignent point. Elle doit se tirer de l'observation des différentes formes sous lesquelles le vice se présente à l'imagination pour la surprendre; de l'association factice d'idées qui en résulte; & des principales circonstances qui attendrissent le cœur, & le rendent accessible. Il faut avoir le talent de l'insinuation & de la persuasion; celui de dissoudre des associations d'idées contre nature, & de leur en substituer de naturelles : celui de faire agir une passion contre une autre passion. Avec toutes ces connoissances, le succès de leur application à la pratique dépend en grande partie de certaines facultés que l'esprit le plus étendu ne donne point.

Le vice vient moins de la corruption de l'entendement que de celle de l'imagination & des passions, & surtout des habitudes qu'elles engendrent. Tout homme vicieux sent assez en général combien sa conduite est blâmable : il sait que le vice est contraire & à son devoir & à son bien réel ; ainsi toutes les belles déclamations que l'on fait pour convaincre son esprit de ces vérités, sont peu utiles, parce que la maladie n'est pas dans l'entendement. Le cœur est le siege du mal. L'imagination & les passions le favorisent : ce sont elles qu'il faut s'attacher à guérir. Cependant les moralistes & les prédicateurs, qui se proposent de réformer le monde, ne dirigent point leurs vues de ce côté-là. Ils font des remarques spirituelles & sensibles sur les devoirs de la religion ; ils les appuient de raisonnemens némens très-judicieux. Cela est fort bon pour des ames pieuses & bien disposées : elles en retirent des instructions utiles pour la conduite de la vie. Si un livre de cette nature tombe entre les mains d'hommes vicieux & livrés à leurs passions, ils conviennent froidement qu'il contient des vérités éternelles, & une excellente morale : cet assentiment stérile de l'esprit est tout le fruit qu'ils en retirent. Si quelque chose est capable de les toucher, ce sont ces peintures fortes, ces descriptions pathétiques qui affectent le cœur malgré tous les efforts qu'il fait pour se roidir contre leurs impressions, qui dissipent le prestige des passions, déchirent le bandeau de l'amour-propre, font voir à l'ame l'état déplorable & horrible où elle est, l'obligent à convenir de ses égaremens, la pénetrent d'une sainte horreur,

Y

engagent & intéressent toutes ses affections par des motifs d'amour, de reconnoissance, de crainte, d'espérance, en un mot par tout ce que la religion & la nature peuvent fournir de moyens pour faire naître en elle l'amour de la vertu. Les facultés de l'entendement contribuent moins à cet effet précieux, qu'une imagination vive & bien réglée.

Les discours publics font ordinairement plus de fruit que la lecture réfléchie d'un livre de morale. Ils peuvent mieux opérer la réforme des mœurs, parce qu'étant animés par le charme de la voix, la force de l'action & le pouvoir de l'éloquence, ils sont plus propres à agir fortement sur le cœur. Mais le charme de la voix, la force de l'action, & le pouvoir de l'éloquence sont des talens que donne la nature, & que ni l'étude ni le génie ne peuvent produire. Lors encore que la nature en a doué quelqu'un, ils doivent être cultivés par une longue pratique, avant qu'ils soient à ce degré de perfection propre à opérer de grands effets. Un orateur public peut avoir reçu de la nature un organe sonore & d'une grande étendue, mais il faut du temps & du travail pour acquérir cette juste modulation, cette variété de tons & d'inflexions qu'exige un discours pathétique. Il n'est pas moins difficile d'acquérir cette convenance d'action, ces formes expressives de tout l'extérieur, surtout des yeux qui ont un empire si merveilleux sur le cœur & les passions.

On entend dire qu'un prédicateur bien pénétré de ce qu'il dit, prendra naturellement le ton de voix & d'action propre de son sujet, & le seul capable de faire une impression convenable sur son auditoire. On allegue l'exemple d'un homme qui craint ou qui est triste, & dont la voix & l'extérieur prennent naturellement le ton de la crainte & de la tristesse. Cela est vrai à quelques égards. Mais on ne peut guere supposer qu'un prédicateur entre toujours dans son sujet avec une chaleur capable d'en donner l'empreinte & l'expression à tout son extérieur. De plus, un orateur prudent doit-il toujours se livrer entiérement à l'impétuosité des mouvemens requis pour produire cet effet. La plûpart des hommes fortement affectés de quelque passion ou émotion, ont pourtant des traits particuliers dans leur extérieur, peu analogues à l'expression naturelle d'une telle émotion. Si un orateur qui se sent un pareil défaut, ne s'attache pas à le corriger, au moins à le déguiser, il fera une figure d'autant plus ridicule, qu'il entrera avec plus de passion dans ce qu'il dit. La perfection de l'art consiste non pas à rendre la nature telle qu'elle est avec tous ses traits, & dans toutes ses circonstances particulieres, mais à la montrer dans ses formes les plus aimables & les plus touchantes. C'est ce qui fait que l'éloquence & l'action tant de la chaire que du théâtre, sont d'une acquisition si difficile.

Outre ces talens personnels, l'orateur apprendra par une connoissance intime de la nature, qu'il a besoin de certaines circonstances extérieures qui agissent fortement sur l'ame & la préparent aux impressions qu'il veut faire sur elle. Telles sont en particulier la musique d'église, la pompe & la solemnité du culte public. Indépendamment de l'effet que ces choses produisent sur l'imagination, elles en auroient un plus précieux si elles étoient dirigées avec goût, avec convenance & décence. Convenons que l'on a souvent abusé de la pompe extérieure de la religion, qu'elle a souvent dégénéré en une superstition grossiere; mais le penchant que les hommes ont à la porter à l'excès, prouve évidemment que c'est un goût profondément enraciné dans la nature humaine, & qu'ainsi le bon sens exige qu'on le regle, & non pas qu'on s'efforce vainement de l'étouffer. Plusieurs sectes se sont soutenues dans le temps de leur premiere enfance sans cet appui extérieur. Mais lorsque la premiere ferveur est venue à se rallentir, le culte public est devenu froid, languissant, presqu'entiérement négligé, lorsqu'il n'a pas été soutenu par un appareil convenable de cérémonies. Les sectes qui, à leur naiſſance, ſe ſont diſtinguées par leur enthouſiaſme religieux, qui ont rejetté toute forme extérieure, ſoit par mépris, ſoit parce que leur eſprit particulier ne s'en accommodoit pas, n'ont pas été de longue durée ; ou bien elles ſe ſont relâchées de leur premiere ſévérité à cet égard, ou elles ont dégénéré en une irreligion abſolue.

La grande difficulté de faire influer la religion ſur les mœurs & les caracteres des hommes, en lui donnant plus d'empire ſur l'imagination & les paſſions, a découragé pluſieurs eccléſiaſtiques auſſi ſavans que judicieux. Ils en ont négligé la partie pratique, aimant mieux ſuivre un chemin, déja tracé, où ils étoient ſûrs d'exceller par la ſupériorité de leurs talens, que de faire de nouvelles tentatives dont le ſuccès étoit douteux, & de courir les riſques de ſe voir égalés ou surpassés par des hommes d'un génie médiocre. Cette partie pratique de la religion n'a donc guere été cultivée que par des hommes qui joignoient à une imagination vive, quelque talent naturel du côté de la voix & l'extérieur. Mais comme les arts ne deviennent utiles aux hommes qu'entre les mains du génie & de la philosophie, il est trop souvent arrivé que celui dont nous parlons, a été prostitué au fanatisme le plus ridicule, ou même à des vices encore plus honteux.

La religion, considérée comme propre à engager & intéresser les affections de l'ame, comprend cette partie du système religieux que l'on nomme dévotion. La dévotion tient beaucoup à la constitution organique; comme elle dépend de la vivacité de l'imagination, de la sensibilité du cœur, & de quelques
autres

autres qualités semblables; elle est plus commune dans les climats chauds que dans notre isle. Ce qui prouve combien elle dépend de l'imagination, c'est son grand attachement pour la poésie & la musique que Shakespear appelle la nourriture de l'amour, & qu'on pourroit appeller aussi proprement la pâture de la dévotion. La musique entre dans le paradis des dévots de toutes les sectes. La Divinité, au jugement de la froide raison, habite une lumiere inaccessible; l'esprit frappé de l'immensité de ce grand Être, & de sa propre petitesse, le contemple avec cette frayeur respectueuse qui excite plus l'admiration que l'amour. Mais une imagination dévote en fait un objet de la douce affection, & même de la passion la plus vive. Le philosophe contemple la Divinité dans les traits de sagesse, de grandeur & de bienveillance qui éclatent dans tous les ouvrages de la nature. L'ame dévote confidere Dieu dans les rapports particuliers qu'il a avec elle; elle médite les graces & les biens qu'elle en a reçus, & les biens encore plus grands qu'elle en attend. Delà naît un commerce tendre qui fouvent affecte le cœur & les paffions de la maniere la plus forte.

Le goût de la dévotion a eu le fort de tous les autres goûts: il a été regardé comme une foibleffe par tous ceux qui en ignoroient l'influence & les douceurs. Delà le ridicule que l'on répand à pleines mains, & à tort, fur la dévotion.

Une imagination chaude & dévote, qui ne fe laiffe pas diriger par un jugement fain & raifonnable, peut donner dans des écarts étranges, & fe hâter de les faire éclater dans le monde en publiant fes follies.

On devroit auffi parler avec

beaucoup de réserve & de circonspection des sentimens d'un cœur dévot, parce qu'ils dépendent d'une expérience particuliere, de certaines dispositions de l'ame, & d'un concours de circonstances que le monde ne connoît pas, & qu'il n'est pas en état d'apprécier. Mais les ouvrages de dévotion écrits avec goût & jugement, sont utiles & agréables à ceux qui ont de la religion.

L'esprit de la dévotion uni au bon-sens & à un naturel enjoué, donne pour la vertu, une ardeur qui manque souvent au caractere le mieux fait. Il corrige & adoucit les vices de tempérament qu'il ne peut détruire entiérement; & quoiqu'il ne soit pas capable de rendre les hommes parfaitement vertueux, il les empêche de donner dans les excès de la corruption. Il a une heureuse influence sur toutes les vertus passives; il rend le cœur doux & sensible, & les mœurs affables ; mais, ce qui est quelque chose de plus estimable, il produit une charité & une bienveillance universelle pour tous les hommes, de quelque nation, état ou religion qu'ils soient. Il y a une mélancolie sublime, quoique tendre, compagne presque inséparable du génie, qui est sujette à dégénérer en misantropie, ou dégoût du monde. La dévotion est merveilleusement propre à adoucir cette disposition de l'esprit, en le tirant doucement de ses rêveries ordinaires, pour le faire entrer, sans qu'il s'en apperçoive, dans des considérations plus consolantes & plus propres à appaiser les plaintes & les murmures en répandant une douce gaieté sur les heures les plus sombres de la vie humaine.

Les personnes qui, se fiant sur une constitution robuste, se livrent entiérement à la poursuite des plaisirs, des richesses & des honneurs, n'ont aucune idée des délices de la dévotion : ils la regardent comme l'enthousiasme d'un esprit foible. Ils montrent en cela peu de jugement. S'ils avoient la plus légere connoissance de la nature, un moment de réflexion suffiroit pour leur faire sentir combien ils ont tort de secouer le joug salutaire de la religion. Mille accidens peuvent détruire leurs projets, & confondre l'indépendance absolue qu'ils affectent de tout principe religieux. Les années s'écoulent, la santé qui les en orgueillit s'use tous les jours, la vivacité des sens s'affoiblit, & les sevre à chaque instant d'une partie des plaisirs dont la jouissance est le seul bien qui leur rende la vie chere. Encore quelques années, & ils reconnoîtront le besoin de recourir à un appui plus ferme, à un objet plus permanent, qui les console de la perte de tous les autres biens dont ils auront perdu le goût.

Le plus grand inconvénient de la dévotion, est d'occuper quelquefois si fortement les affections de l'ame, qu'elle en détruit tous les autres principes actifs. Lorsque la dévotion se loge dans une ame naturellement mélancolique, elle la rétrécit, elle dégénere en superstition, elle produit le dégoût du monde & de tous les devoirs de la vie sociale.

CONCLUSION.

Je terminerai ici ces observations décousues sur les avantages que le genre-humain retire des facultés qui le distinguent du reste des animaux, avantages qui ne semblent pas répondre à ce qu'on devroit en attendre, surtout lorsqu'elles se trouvent en un haut degré dans des hommes qui ne manquent ni de loisir ni d'occasions pour les porter à leur perfection & en tirer tout le parti possible. J'attribue cet inconvénient à ce que ces génies transcendans s'appliquent à des objets de petite conséquence pour la société, ou dont les matériaux sont dans leur esprit. Le peuple est fait pour agir, & non pour raisonner : il n'a ni le loisir ni l'esprit nécessaire pour se livrer à des spéculations scientifiques. Ceux qui possedent cette profondeur, cette clarté, cette pénétration de jugement qui constituent l'esprit vraiment philosophique, semblent nés pour dominer sur les hommes & être à la tête des affaires publiques, s'ils en vouloient prendre la peine. S'ils n'ont pas les facultés ni les talens nécessaires pour exceller dans les arts utiles & ceux de pur agrément, c'est à eux du moins qu'il convient d'en établir les principes & d'en diriger l'application.

FIN.

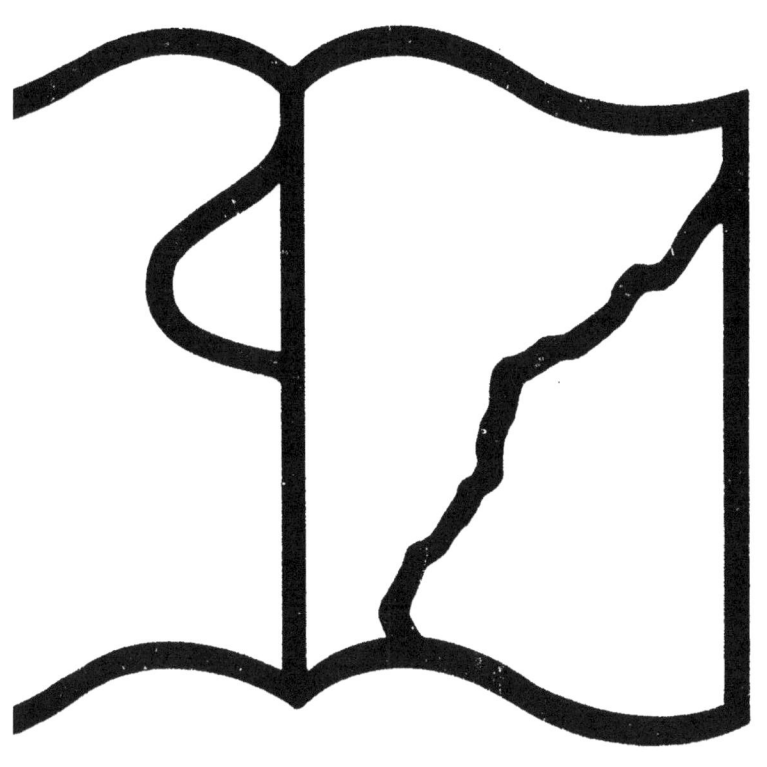

Texte détérioré — reliure défectueuse

NF Z 43-120-11

www.ingramcontent.com/pod-product-compliance
Lightning Source LLC
Chambersburg PA
CBHW070751170426
43200CB00007B/743